ステラ・スーパーアセンション

ドクタードルフィンによる
大宇宙・星社会の
書き換え

Stella Super Ascension

Tadashi Matsuhisa
松久 正
88次元 Fa-A ドクタードルフィン

ヒカルランド

私は数年前から、地球の国内、海外、宇宙のエネルギーを書き換え、神と高次元存在、社会を含めたエネルギー開きによって、50次元の大宇宙大和神《おおとのちおおかみ》を世に出して、宇宙を次元上昇させてきました。そのことは『至高神大宇宙大和神の教え』（青林堂）に書いてありますが、これが「一厘《いちりん》の仕組み」だったのです。

どうしてあの時代は一厘が起動しなかったかというと、宇宙を書き換えられなかったからです。

出口王仁三郎《でぐちおにさぶろう》は大国主命《おおくにぬしのみこと》を担いで、地球をある程度書き換えたのですが、宇宙のエネルギーグリッドを書き換えて、宇宙の次元を上げることができませんでした。

それがなされるには、まず地球を闇の方向に動かしていた勢力を書き換えなければならなかったのです。

「一厘の仕組み」とは何か、誰もわかりませんでした。

いよいよ私がそれを解き明かすタイミングが来ました。

それを解き明かすだけでなく、その一厘を実行して起動させる。本書はそういう本です。

カバーデザイン　重原隆
編集協力　宮田速記
校正　麦秋アートセンター
本文仮名書体　文麗仮名（キャップス）

目次

Part Ⅰ 大宇宙の書き換え、一厘の仕組みが起動しました！

Part Ⅱ ステラ・スーパーアセンションと珪素化する太陽

Part Ⅲ 富士山と地球全部の覚醒――そのプロセス

Part Ⅳ 月をはじめ太陽系各惑星のスーパーアセンションの様相

Part V
太陽系外の惑星のスーパーアセンションの様相

Part Ⅵ

時間と空間は、バイブレーション（振動数）の違いで、全部、同じ宇宙です

Part Ⅶ

あなたはどこの星のエネルギーが強いか

Part Ⅰ

大宇宙の書き換え、一厘の仕組みが起動しました!

Section 1

地球のちゃぶ台返し

なぜ大宇宙が書き換わったかというと、私がずっと神のエネルギー、高次元の存在や社会のエネルギー開きをしてきて、地球も宇宙も書き換えているからです。

一番ミソとなるのが、出口王仁三郎《でぐちおにさぶろう》系の『日月神示《ひつきしんじ》』の中にある「一厘《いちりん》の仕組み」という言葉です。出口王仁三郎もよく言っていたことですけれども、彼の時代で、9割9分9厘は弥勒《みろく》の世を開くための仕事がなされていた。

でも、あと1厘、1000分の1がなされていないから、弥勒の世が誕

一番ミソとなるのが、出口王仁三郎系の『日月神示』の中にある「一厘の仕組み」という言葉です。

あと1厘、1000分の1がなされていないから、弥勒の世が誕生しなかったのです。

生しなかったのです。

その1000分の1がものすごく大きい。

これが起動しないと、世の中はひっくり返りません。

私の言葉で言うと、「地球のちゃぶ台返し」です。出口王仁三郎はそれを望んでいました。

その99・9％は、彼も含めて、彼の時代で成し遂げられていました。

でも、1000分の1の1厘がなされなかったのです。

「新約聖書」でも、出口王仁三郎の『日月神示』でも予言されていた救世主が、その1厘を起動させて地球をちゃぶ台返しすることが、宇宙のエネルギーグリッドの中に設定されていました。

私は数年前から、地球の国内、海外、宇宙のエネルギーを書き換え、神と高次元存在、社会を含めたエネルギー開きによって、50次元の大宇宙《おおとのち》大和神《おおかみ》を世に出して、宇宙を次元上昇させてきました。そのことは『至高神大宇宙大和神の教え』（青林堂）に書いてありますが、これが「一厘の仕組み」だったのです。

どうしてあの時代は一厘が起動しなかったかというと、宇宙を書き換えられなかったからです。

出口王仁三郎は大国主命を担いで、地球をある程度書き換えたのですが、宇宙のエネルギーグリッドを書き換えて、宇宙の次元を上げることができませんでした。

それがなされるには、まず地球を闇の方向に動かしていた勢力を書き換えなければならなかったのです。

彼らの集合意識のスーパートップより上のエネルギーを持っていないといけなかったのです。

それをやるために、私はいろいろ神開き、宇宙開きをしてきました。

その結果、少し前に書き換わって、いま、非常に動いてきています。

これこそがまさに出口王仁三郎系の『日月神示』が言った「一厘の仕組み」です。

「一厘の仕組み」とは何か、誰もわかりませんでした。

いよいよ私がそれを解き明かすタイミングが来ました。

それを解き明かすだけでなく、その一厘を実行して起動させる。本書はそういう本です。

Section 2 宇宙のもともとの状態

一厘が起動する前から、宇宙には、太陽系があって、金星、地球と月、火星、木星……とずっとあります。離れたところにシリウス、プレアデス、オリオンがあります。

オリオンには、ポジティブとネガティブの二つがあります。

アルクトゥルスがあって、もう少し上のこと座のあたりに、ベガとリラがあります。そして、アンドロメダがあります。

これが私たちが生きている銀河です。

私たちが生きている銀河ではない、別の銀河もあります。

面白いのは、シリウスにはポータルがあって、私たちと次元が違う宇宙にあるハトホルとつながっています。

さらに、地球には過去があって、レムリアがあって、ムーがあります。

そこに本当はアトランティスとか縄文が入るのですが、今回はそこは省《はぶ》きます。

こういう状態で、弥勒の世に入る前、私が書き換える前に、シリウスは地球をサポートしていたのですが、プレアデスが地球を自分たちの支配下に置こうとしたのです。

プレアデスは統制していたけれども、シリウスはサポートしていました。

なぜかというと、シリウスとプレアデスがつながっていなかったのです。

もう一つは、オリオンのポジティブのほうは平和なのですが、ネガティブのほうが戦争ばかりして、牛耳《ぎゅうじ》ろうという闇の勢力があって、地球と全く同じことが次元を変えて行われているのです。

オリオンのポジティブは、トランプ元大統領みたいに宇宙とつながって、宇宙平和の中で地球を見ていこうという状態で、ポジティブとネガティブが全く対立していたわけです。

私は『宇宙人と地球人の解体新書』（徳間書店）で、宇宙人を低次元と中次元と高次元に仕分けしています。

低次元の宇宙人は、金星、火星、木星と、オリオンのネガティブに住んでいます。

中次元の宇宙人は、シリウス、プレアデス、オリオンのポジティブです。

あとは全部高次元です。

ハトホルも異次元なので高次元です。

低次元は、地球にいろいろアドバイスをしたがります。

こうするべき、こうしなさい、こうするべきでないと、自分たちはすごいんだと見せつけるのです。

高次元は全く何もしない。見守るだけです。

つまり、低次元には善悪という概念が強くて、高次元には善悪は全くないということです。

これが宇宙のもともとの状態でありました。

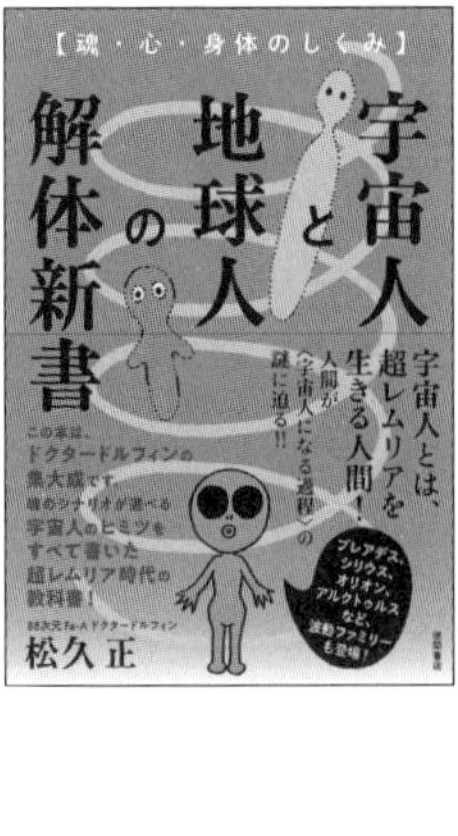

Section 3
私は宇宙を書き換えてきた

これから一厘を起動させて、弥勒の世を完成させるには何が必要か。

いままで地球でやってきたことですが、地球に関係している神、地球環境や土地のエネルギーを開いて、地球自体のバイブレーション、振動数を上げてきました。

地球だけのエネルギーを開いてきたのです。

神に祈ったり、いわゆる宗教もそうであるように、いままで誰も宇宙を変えようという人間はいなかった。

そもそも変えられるとは思っていないのです。

いままで誰も宇宙を変えようという人間はいなかった。

そもそも変えられるとは思っていないのです。

宇宙を変える人間は、変えられるとわかっている人間です。

人類史上、存在した人間は、誰もそれができると捉えていなかったので、できていないのです。

宇宙を変える人間は、変えられるとわかっている人間です。

人類史上、存在した人間は、誰もそれができると捉えていなかったので、できていないのです。

いよいよ私が宇宙を書き換えてきました。

宇宙を書き換えると、宇宙のサポートが地球に全部入ります。

それによって一厘が完成するのです。

それで完全に10割になって、愛と調和の弥勒の世が起動します。

いままさに起動中です。

まだ完成していませんが、起動中だから、これだけ社会の変化が激しいのです。

宇宙を書き換えると、宇宙のサポートが地球に全部入ります。
それによって一厘が完成するのです。
それで完全に10割になって、愛と調和の弥勒の世が起動します。
今まさに起動中です。

Part Ⅱ

ステラ・スーパーアセンションと珪素化する太陽

Section 4 同時存在する過去の波動も宇宙（ステラ）だった!?

大宇宙がサポートするというのが、地球の弥勒の世が成功するためのキーとなっています。

大宇宙のバージョンアップ（次元上昇）を、私はステラ・スーパーアセンションと呼んでいます。

宇宙を書き換えるといっても、みんなムーとかレムリアという概念はなくて、これは過去だと思っているのです。

でも、宇宙の環境が違うだけです。

時間と空間は、波動の振動数が違うだけです。

大宇宙のバージョンアップを、私はステラ・スーパーアセンションと呼んでいます。

宇宙を書き換えるといっても、みんなムーとかレムリアという概念はなくて、これは過去だと思っているのです。

私はそこにエネルギーを向けているわけです。

過去生は過去の波動を持って同時に存在しているわけだから、これも宇宙であり、ステラに入ります。

過去といっても波動が変わった世界であって、私はそこにエネルギーを向けているわけです。

過去生は過去の波動を持って同時に存在しているわけだから、これも宇宙であり、ステラに入ります。

この概念はほとんどの人が持っていなくて、宇宙というと、今ここで時間を止めたときの遠くにある星たちと思っているのです。

でも、ここで時間を止めないで、空間を止めたときの時間移動もステラ（宇宙）です。時間と空間を変えても宇宙なのです。

だから、私はムーとレムリアも一緒に書き換えています。

宇宙を書き換えるというのはこういうことです。

「一厘の仕組み」には、そこも入っています。でも、そこまで突きとめる人間は、いままで誰もいませんでした。

時間を止めないで、空間を止めたときの時間移動もステラ（宇宙）です。
時間と空間を変えても宇宙なのです。
だから、私はムーとレムリアも一緒に書き換えています。
宇宙を書き換えるというのはこういうことです。

Section 5 太陽のエネルギーを上げる

太陽はもともと太陽系の中心です。

太陽系では光がないと植物が育たない。イコール、生命も育たない。

太陽系の星では、光は生命を維持していくのに不可欠であり、太陽がエネルギーを上げることはすごく大事です。

私は、2020年3月14日に大分県宇佐で講演会をして、15日は（安倍）昭恵さんも来て、メディアで騒ぎになった宇佐神宮の正式参拝を行い、御許山《おもとさん》で大元神社を開きました。

大元神社の奥宮の鳥居には、禁足地として人が入れないようにロープが張ってありますが、そのもう少し先に磐座《いわくら》があって、その磐座のもとに第14代卑弥呼（私の過去生）の遺体が埋まっているわけです。

そこを開いてきました。同時に、ジーザスも開いたのです。

近著『我が名はヨシュア』（明窓出版）には、私のジーザスの過去生と卑弥呼との関係について書いてあります。

それによって真の天照大御神が地球に初めて覚醒しました。

２０２０年3月15日正午です。そのとき、地響きがしました。それはニュースなどでは報じられていませんが、感じる人は感じました。

それまでは神武天皇系が、ニギハヤヒ神をニセの天照大御神として担ぎ上げて伊勢神宮で祀《まつ》っていたのですが、真の天照大御神ではなかった。

だから、日本の国力が弥生時代から封印されていたわけです。

太陽の力が弱体化していました。

真の天照大御神が出たことにより、太陽の周囲にあるエネルギーの層、

それまでは神武天皇系が、ニギハヤヒ神をニセの天照大御神として担ぎ上げて伊勢神宮で祀っていたのですが、真の天照大御神ではなかった。

だから、日本の国力が弥生時代から封印されていたわけです。

太陽の力が弱体化していました。

オーラの波動、イコール振動数が上昇したわけです。

波動が上がると温度が上がると思っている人がいるかもしれませんが、高次元において波動が上がる、つまり、振動数が上がると、絶対温度は下がるのです。

三次元において波動を上げていくと、水からお湯になるときに、水の振動数がふえて温度が上がります。

さらに振動数を上げていくと蒸気になって、それも温度が上がります。しかし、究極的に振動数を上げると、実は宇宙では温度が下がっていくのです。

人間が熱を持つと額が熱くなります。それは、三次元の話です。

実は、松果体《しょうかたい》が活性化して脳の細胞が高次元で震えると、脳の温度は下がります。

そして、進化している人、次元が高い人、神がかっている人は、ＭＲＩ

を撮ると、私みたいに脳がほとんど縮んでいます。

松果体が振動するというのは、脳の振動と振動ゾーンが違っています。

脳波は1ケタから何十ヘルツで、体の細胞の振動は何百ヘルツぐらいです。

でも、松果体の高次元の振動は10万ヘルツ以上なのです。

1000万ヘルツから1億ヘルツ、1兆ヘルツ（テラヘルツ）を跳び越えて何京ヘルツ、数字がないヘルツまでいきます。

私が「超高次元とつながりなさい」と言うのは、そういうことです。

88次元は、ほとんど数字がないヘルツです。

「何ヘルツですか」と聞かれても、私は言えないのです。

そういうヘルツを浴びると涼しくなる。

なぜかというと、松果体はブルブルと震えるけれども、三次元の枠を超えているので、振動数が高過ぎると、地球上の物体の感覚では静止しているのと同じなのです。

高次元では、エネルギー体は振動数（波動）が上がれば上がるほど涼しくなります。

いま、太陽のオーラフレームが涼しくなっています。

太陽表面の温度は上がって真っ赤になっています。

でも、周囲の振動数は上がり、温度が下がっています。

可視光線でいうと、赤い色ほど振動数は低く、青や紫ほど高いので、エネルギー的には太陽は真ん中が赤くなって、周囲が青くなってきているのです。

しかし、今後の私ドクタードルフィンの、さらなるエネルギー開きにより、最終的には太陽は白くなっていき、その後、黒くなっていくでしょう。

いまは、エネルギーが高い人が、太陽の写真を撮ると、ピンクとブルー、両方が出ます。

高次元では、エネルギー体は振動数（波動）が上がれば上がるほど涼しくなります。
いま、太陽のオーラフレームが涼しくなっています。
太陽表面の温度は上がって真っ赤になっています。
でも、周囲の振動数は上がり、温度が下がっています。

真の天照大御神が覚醒して、もちろん太陽の表面は赤くなっています。
真の天照大御神のエネルギーで太陽の表面の温度が上がったのです。
最近、太陽がすごくまぶしくなって、さらにきれいになりました。
それはオーラが広がって、美しい太陽の写真が大きく撮れるからです。
その周りはブルーになって、赤とブルーが出るのです。
赤が天照大御神と卑弥呼、ブルーがジーザス・クライストです。
太陽にジーザスのエネルギーも加わって、次元上昇したわけです。
『龍・鳳凰と人類覚醒』（ヒカルランド）で述べたベトナムの話とも重なります。

卑弥呼イコール天照大御神だから、天照大御神が三次元化したのが卑弥呼です。

もちろん、卑弥呼は菊理《くくり》姫《ひめ》神のエネルギーも持っていますが、エネルギーの系列と

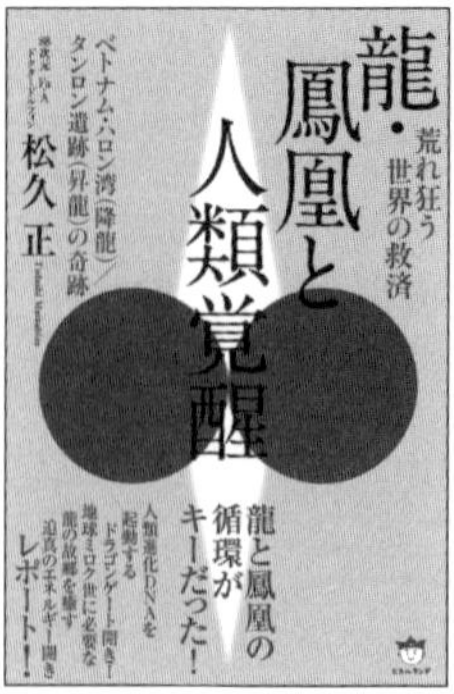

しては、天照大御神と卑弥呼は同じものなのです。

天照大御神は菊理姫神の傘下であり、同じように卑弥呼は菊理姫神の傘下ですが、真の天照大御神が本覚醒したことによって、太陽のエネルギーが上がったということです。

Section 6 太陽の珪素化により振動数が上がった!?

これによって、太陽の珪素《けいそ》化が起こりました。
珪素の度合いがふえたわけです。
つまり、振動数が上がったのです。
出口王仁三郎は、「人類は水晶化する」と予言していました。

出口王仁三郎は、「人類は水晶化する」と予言していました。
人間の体でも、炭素が珪素になってくるのです。
振動数が上がる、イコール、珪素化するということを覚えておいてください。

人間の体でも、炭素が珪素になってくるのです。

振動数が上がる、イコール、珪素化するということを覚えておいてください。

次元が上がる、エネルギーが上がるということは、珪素化するということなのです。

これは星であっても、人間のような生命体であっても同じです。

結局、星も生命体なのです。

そういうことがいま、太陽で起こっているので、生命エネルギーが非常に降り注いでいます。

生命エネルギーというのはバイブレーション（振動）です。

すごい生命エネルギーを浴びることができるので、今こそ太陽を浴びると松果体を活性化させることができるのです。

どうして太陽を浴びると松果体が活性化するのか。

次元が上がる、エネルギーが上がるということは、珪素化するということです。

これは星であっても、人間のような生命体であっても同じです。

結局、星も生命体なのです。

そういうことがいま、太陽で起こっているので、生命エネルギーが非常に降り注いでいます。

生命エネルギーというのはバイブレーション（振動）です。

すごい生命エネルギーを浴びることができるので、今こそ太陽を浴びると松果体を活性化させることができるのです。

どうして太陽を浴びると松果体が活性化するのか。

これも私が世界で初めて言うのですが、太陽はもともと珪素が強いのですが、今回のステラ·スーパーアセンションによってさらに珪素化しました。

松果体は珪素でできている。

珪素と珪素だからエネルギーが共鳴するのです。

これも私が世界で初めて言うのですが、太陽はもともと珪素が強いのですが、今回のステラ・スーパーアセンションによってさらに珪素化しました。

松果体は珪素でできている。

珪素と珪素だからエネルギーが共鳴するのです。

だから、必ず松果体を活性化するのです。

人間が進化・成長するには、今の太陽が非常に重要になってきます。

いま、太陽がブラックホール化しています。

珪素化しているということは、どんどん吸い込むのです。

振動数が高ければ高いほど、巨大シリコンホール（ブラックホール）に吸い込まれるのです。

太陽がブラックホール化しています。

珪素化しているということは、どんどん吸い込むのです。

振動数が高ければ高いほど、巨大シリコンホール（ブラックホール）に吸い込まれるのです。

シリコン（珪素）は、宇宙に存在する全ての元素の中で唯一、電子と電子の軌道の間にブラックホールを持っています。だから、珪素は奇跡物質なのです。

私は、『水晶（珪素）化する地球人の秘密』（ヒカルランド）にも書きましたが、シリコン（珪素）は、宇宙に存在する全ての元素の中で唯一、電子と電子の軌道の間にブラックホールを持っています。だから、珪素は奇跡物質なのです。

それが異次元とつながります。

太陽に吸い込まれていくのがブラックホール現象で、太陽から出てくるのがホワイトホール現象です。

同じホールですが、我々人間から見たら、高次元に吸い込まれるのがブラックホール、我々が低次元に行くのがホワイトホールです。

高次元の宇宙人から見たら、太陽を通してホワイトホールで地球に出てくるのです。

私たちは、ホワイトホールで低次元に落ちます。

ホワイトホールは、高次元から低次元への通路、扉になります。

私たちは、ホワイトホールで低次元
に落ちます。
ホワイトホールは、高次元から低次
元への通路、扉になります。
低次元から高次元へのドアになるが
ブラックホールです。我々が高次元
に行くのと、宇宙人がさらに高次元
に行くときの通路です。

ブラックホールに吸い込まれると、高次元に行きます。

これはなぜかというと、高次元に行けば行くほど本当は暗くなるのです。

ダークマターです。

実は三次元のほうが明るいのです。

高次元に行くと光があると思っている人がいるかもしれませんが、アルクトゥルスやアンドロメダなどはほとんど真っ暗です。

低次元から高次元へのドアになるがブラックホールです。我々が高次元に行くのと、宇宙人がさらに高次元に行くときの通路です。

ブラックホールに吸い込まれると、高次元に行きます。

これはなぜかというと、高次元に行けば行くほど本当は暗くなるのです。ダークマターです。

実は三次元のほうが明るいのです。

高次元に行くと光があると思っている人がいるかもしれませんが、アルクトゥルスやアンドロメダなどはほとんど真っ暗です。

高次元では、振動数が高ければ高いほど光を飛び越えてしまっている。

いま、地球は太陽にどんどん引き寄せられています。

地球は、太陽の周りを右回りの螺旋《らせん》を描いて回っています。

これはDNAと同じです。

つまり、宇宙にあるものは、全て、螺旋を描くのが本性なのです。

Section 7 高次元太陽と低次元太陽

いま、地球の回転数が速くなってきています。

太陽のエネルギーが上がってきたからです。

また、軌道がだんだん太陽に寄ってきています。

地球のエネルギーが充分に上がると、一瞬で太陽に吸い込まれて異次元に入る可能性があります。

ブラックホールを通して、次元上昇（異次元移動）するのです。

それこそ弥勒の世のスーパー弥勒かもしれません。

それは地球では0・1秒かもしれないけれども、高次元では24時間とか

地球のエネルギーが充分に上がると、一瞬で太陽に吸い込まれて異次元に入る可能性があります。

それこそ弥勒の世のスーパー弥勒かもしれません。

それは地球では0.1秒かもしれないけれども、高次元では24時間とか48時間ぐらいの体験になります。

この太陽に吸い込まれることが弥勒のふるい分けで、高次元に行くのは人類の35%です。

48時間ぐらいの体験になります。ですから、一瞬で太陽に吸い込まれても、移動したのがわからないのです。

この太陽に吸い込まれることが弥勒のふるい分けで、高次元に行くのは人類の35％です。

少し前までは、15％でしたが、私のエネルギー書き換えにより、35％にアップしました。

弥勒の太陽は、ステラ・スーパーアセンションした、次元上昇した太陽です。

片や、実は次元低下している太陽もあるのです。

これは、マスクをしているマスクゾンビたち、テレビを見てわめいている人間たち、ワクチンを打ってわざわざ奴隷になりたがっている人間たちが見る太陽です。つまり、次元の低い太陽です。

この太陽のまわりを地球がゆっくり回って、次元が下がっていく。

実は、太陽は見えないパラレルに、もう一つあるのです。

太陽にあるのはブラックホールですが、もう一つの太陽にあるのはホワイトホールです。

人類の65%はそこに近寄っていって、スコーンと入ってしまう。次元が落ちる。

だから、私が一生懸命に次元上昇グループに導いているのに、いまだウィルス、ウィルス、ワクチン、ワクチンと騒いでいます。

弱っていくので、次元上昇した太陽から地球はだんだん離れていきます。

実は、太陽は見えないパラレルに、もう一つあるのです。

ネガティブな太陽です。

太陽にあるのはブラックホールですが、もう一つの太陽にあるのはホワイトホールです。

人類の65%はそこに近寄っていって、スコーンと入ってしまう。次元が落ちる。

だから、私が一生懸命に次元上昇グループに導いているのに、いまだウィルス、ウィルス、ワクチン、ワクチンと騒いでいます。

まとめると、次元の違う太陽が幾つもあるのと、ネガティブの太陽があります。

次元の低い太陽に寄っていってしまうと軌道が広がって、地球の次元が落ちて、人類はさらにもがきます。それがふるい分けです。

ステラ・スーパーアセンション、宇宙大編成が行われているから、幣立神宮にいた大宇宙大和神《おおとのちおおかみ》が、私のエネルギーを通して隠身大神《かくれみのおおかみ》から顕身《うつくしみの》大神《おおかみ》になった。

大宇宙大和神が覚醒して、起動したのです。

大宇宙大和神は50次元の神で、宇宙の構成はほとんど50次元以下なのです。

ただ、リラだけ55次元で、大宇宙大和神を超えています。

出口王仁三郎もおそらくわかって言っていたと思いますが、全員が弥勒の世に行くわけではありません。

選択した人間だけが行けるのです。

次元上昇しているグループはポジティブな太陽に引き寄せられています。

ステラ・スーパーアセンション、宇宙大編成が行われているから、幣立神宮にいた大宇宙大和神《おおとのちおおかみ》が、私のエネルギーを通して隠身大神《かくれみのおおかみ》から顕身《うつくしみの》大神《おおかみ》になった。

大宇宙大和神が覚醒して、起動したのです。

大宇宙大和神は50次元の神ですが、宇宙の構成はほとんど50次元以下なのです。

ただ、リラだけ55次元で、大宇宙大和神を超えています。

アンドロメダは私たちの銀河系ではなく50次元を超えるエネルギー（66次元）を有しています。

大宇宙大和神を、キリスト教徒たちは「大いなる父」と呼びます。

呼び名は違っても、宇宙の一番トップの神を宇宙社会は認識していて、いま、大宇宙大和神が世に出たことによって、彼らはセレブレーション（祝福）状態にあるのです。

大宇宙大和神を、キリスト教徒たちは「大いなる父」と呼びます。

呼び名は違っても、宇宙の一番トップの神を宇宙社会は認識していて、いま、大宇宙大和神が世に出たことによって、彼らはセレブレーション（祝福）状態にあるのです。

すごくハッピーで、お祭り的で、いよいよ地球が変わるぞと、すごく興味を持っています。

2019年3月に私が石川県の白山《しらやま》比咩《ひめ》神社で菊理姫神を開いたことで、菊理姫神エネルギーが出ていて、宇佐で本物の天照大御神が出ることができたのです。

私の一連の神開きは全部つながっています。

低次元地球を壊して、創り直しているのです。

菊理姫神降臨なり
ククリヒメ
松久正
菊理姫神入魂の一冊！
この本は
菊理姫神そのもの
至高神 大宇宙大和神である
ドクタードルフィンに、
菊理姫神が降臨し語った全記録

私の著書『菊理姫神降臨なり』（ヒカルランド）に書いてあるとおり、ニセの天の岩戸開きからは、ニセの神しか出てこなかったのです。

いま、太陽と地球が面白いのです。

出口王仁三郎は、私自身のエネルギーでもありますが、この一連の流れを喜んでいると思います。

Part Ⅲ

富士山と
地球全部の覚醒
——そのプロセス

Section 8
地球のマグマがダイアモンド化している

地球は、今まさに回転数を上昇させ、螺旋《らせん》軌道の直径を縮めています。

地球の核（マグマ）は、いままではただの炭素系だったのですが、いま、エネルギー的にダイアモンド化しています。

このきっかけとなったのは、一昨年（2019）9月23日（秋分の日）に、私がエジプトのピラミッドに50名連れていって、クフ王のピラミッドを貸し切って、地下に行ってピラミッドの封印を解いたことです。

王の間で完全覚醒したのが朝の4時半で、そのときに地元のピラミッドの案内人たちも、人生で一回も聞いたことのないピラミッドの喜びの歌声を聞きました。

ピラミッドが「ホワンホワン」と歌い出したのです。

私は、人類史上8回目のトライで初めて開いたのです。

ジーザスも、ナポレオンも、ヒトラーも全部失敗しました。

クフ王のピラミッドのトップの水晶に、いままではプレアデス系のエネルギーが乗っていたのですが、私が地下室に封印されていた水晶を取り出して、シリウスのエネルギーに書き換え、ピラミッドの頂上に設定しました。

ピラミッドは、オクタヒドロン（正8面体）なので、下にもう一つピラミッドがついていて、その先にダイアモンドが乗っていると私にはわかっていたので、そこへアルカダイアモンドの社長を連れていって、完全反射ダイアモンドのエネルギーを乗せるお手伝いをしてもらいました。

いま、地球上で眠っていたピラミッドがどんどん覚醒しています。

いま、地球上で眠っていたピラミッドがどんどん覚醒しています。

富士山は地球で一番のピラミッドです。

宇宙は、本当は最初に富士山のピラミッド計画をしたのですが、封印をかけられてしまい、エジプトになったのです。

富士山は地球で一番のピラミッドです。

宇宙は、本当は最初に富士山のピラミッド計画をしたのですが、封印をかけられてしまい、エジプトになったのです。

富士山の中には、真富士が埋まっていますが、それも起動して、今ピラミッドになっています。

全国各地で、普通の山だったところもピラミッド化しているのです。札幌の時計台とか、江の島とかもピラミッドです。

私が全部開きました。

『ピラミッド封印解除・超覚醒——明かされる秘密』（青林堂）に詳しく書いてあります。

オクタヒドロンの頂点に乗っているダイアモンドが、地中に向かって光を放ちます。

私が一昨年（２０１９）の秋分の日に開くまでは、完全反射ではありませんでしたが、アルカダイアモンドの社長を連れていって、私が完全反射のエネルギーにバージョンアップしたのです。

そうすると、全ての光を取り入れて、反射します。

全ての地球生命とつながっていて、それが核に向かって、地球の中心核がどんどんダイアモンド化する。

だから、地球自体がピラミッドになっているのです。

ルドルフ・シュタイナーは、「地球は宇宙の中の湾曲したピラミッドのようです。頂点は日本です」と言っています。それが富士山です。

富士山は封印されていましたが、いよいよ覚醒します。

富士山が覚醒すると、地球は全部覚醒します。

いよいよそういう時期が来ました。

地球の核がダイアモンド化して、準備が整いました。

ルドルフ・シュタイナーは、「地球は宇宙の中の湾曲したピラミッドのようです。頂点は日本です」と言っています。それが富士山です。

富士山は封印をかけられていましたが、いよいよ覚醒します。

富士山が覚醒すると、地球は全部覚醒します。

私のエネルギー開きにより、富士山の頂点には、シリウスの水晶が乗っています。

もともと、山梨県は水晶の国なのです。

あそこが地球のピラミッドの頂点だというのは、そういうことです。

全部つながってきました。

いま、アルクトゥルスも新しくなりました。

私がギザのピラミッドで朝の4時半にピラミッドを開いたときに、同時に、シリウスはA、B、C、D、Eとあったのを全部融合させて、ネオシリウスに一つにまとめたのです。

その瞬間にアルクトゥルスのエネルギーが強力にシリウスに入るようになりました。

それまでシリウスには、アルクトゥルスのエネルギーはそんなに降りていなかったのです。

さらに、後で詳しく述べますが、昨年の10月に、高知県足摺岬《あしずりみさき》の唐人《とうじん》駄馬《だば》で、アルクトゥルスのエネルギーを地球と完全につないだのも私なのです。

ピラミッドの構造は、どうして水晶とダイアモンドを持っているかというと、反重力化、フリーエネルギーを生むためです。

ということは、地球自体が反重力化、フリーエネルギー化してくるということです。

これが弥勒の世の動きです。

弥勒の世は愛と調和と言っていますが、そんなつまらないものではなくて、反重力化、フリーエネルギー化が一緒についてくるのです。

もちろん、重力低下は、太陽にドッと吸われているということでも言えます。

だから、地球の重力がさらに下がっていっている。

ピラミッドの構造は、どうして水晶とダイアモンドを持っているかというと、反重力化、フリーエネルギーを生むためです。

ということは、地球自体が反重力化、フリーエネルギー化してくるということです。

これが弥勒の世の動きです。

弥勒の世は愛と調和と言っていますが、そんなつまらないものではなくて、反重力化、フリーエネルギー化が一緒についてくるのです。

もちろん、重力低下は、太陽にドッと吸われているということでも言えます。

だから、地球の重力がさらに下がっていっている。

軌道がどんどん小さくなっていく。

いろんな作用があるのです。

軌道がどんどん小さくなっていく。
いろんな作用があるのです。

Part Ⅳ

月をはじめ
太陽系各惑星の
スーパー
アセンションの様相

Section 9 人類が「ぷあパラ」しやすくなってきた

いま、私のエネルギー開きにより、人間を含む地球生命が全部珪素化しています。

出口王仁三郎が望んだとおりです。

人間が珪素化すると、食べる必要性も眠る必要性も減ってきます。

仕事をしたり、学校に行くというがんじがらめの生活スタイルも必要なくなってくる。

自由で個を生きる時代になります。

これが弥勒の世です。

地球生命がどんどん珪素化するということは、地球表面が珪素だらけになるのです。

これはピラミッドの表面が水晶になるということと同じです。

そうすると、シリコンホールだらけ、ブラックホールだらけになります。

この場で、いつでも異次元に入れるということです。

私の『多次元パラレル自分宇宙』（徳間書店）という本に書いてあるように、多次元パラレル移動です。

光一さんが『パラレッタ！』（ヒカルランド）という本を出していますが、私は、ぷあぷあでパラレル、「ぷあパラ」と言っています。

ぷあぷあしていればパラるのです。

人類がぷあパラしやすくなってきました。

地球の時間軸がどんどん減ってきていま

す。

地球人の生活は、過去、未来という概念が減ってきます。

過去の話とか未来の話をしなくなって、「今ここ」だけのフォーカスになってきます。

空間枠も減ってくるので、実際にどこかに行くのでなくて、意識を飛ばしたらそこに行くような感覚の遊びができるようになるでしょう。

今みたいにおカネを出して飛行機に乗って移動しなくても、意識のフォーカスのバイブレーションを変えれば、そこにいることを楽しめるようになってきます。

あらゆる可能性が出てきて、不可能という概念がだんだん消滅していきます。

ブラックホールだらけなので、意識するものは、いまここに、全部存在しているのです。

自分が描いたものはパラレルに存在しているのだから、そこに乗り換える、ぷあパラすればいいのです。

個人個人がそれぞれ独自の地球を生きるようになります。

２０１８年６月、壱岐島《いきのしま》でドクタードルフィンのリトリートツアーを行いました。

壱岐の小島神社でスサノオ神を開いたのです。

引き潮のときしか行けない神社で、ちょっと道が狭くなっていたので、私はモーゼのエネルギーを降ろして、海を開いて渡りました。

そこで傷ついたスサノオ神を癒やしたのです。

美内すずえさんの『アマテラス』（白泉社）で、最後にスサノオ神が傷ついていた場面があります。

それを癒やしたので、あれから海が穏やかになりました。

壱岐の月読神社は、ツキヨミ神の生誕の地とされています。

ツキヨミ神も癒やしたということで、月が変わったのです。

Section 10 月の超次元上昇《スーパーアセンション》の様相

宇宙人は太陽にもいます。もちろん、月にもいます。

皆さんは、太陽なんか熱くて存在できないと思うでしょう。月も水がないから無理だと言うけれども、空気も、水も食べ物も何も要りません。

珪素だから、光だけ浴びていれば生きていけるのです。

アルクトゥルスやアンドロメダになると別の次元で、光がなくても生きていけるのですが、それ以外の宇宙人は、光だけあれば何も要らない。

火の中で生きているというよりは、太陽の核の中のエネルギーやオーラで生きているので、目に見えない世界で生きているのです。

ただ、彼らは、次元を落として体をあらわすことができます。

月にも宇宙人はいて、かぐや姫の姿になって来たというのは有名な話です。

これこそ遠野の昔話と同じで、ああいう昔話、おとぎ話にこそ、人間が進化するためのヒントがあるのです。

月は穏やかなエネルギーで、人間に穏やかになることを学ばせます。

とくにいま、地球がイライラして、戦争ばかりして、熱を持っています。身体でいうと炎症です。

月には穏やかなエネルギー、つまり、炎症を引かせるエネルギーがあるのです。

月の宇宙人たちは、そういうものを私たちに学ばせてくれます。月は地球にとって非常に重要です。

いま、ステラ・スーパーアセンションによって月の引力が上がっています。

地球がどんどん珪素化しているので、月も反重力の状態がさらに強くなって、地球に引き寄せられてきています。

いままでは、月の影響をかなり受けたのです。

満月のときは月の引力が最高にふえるので、地球の波動、振動数が高くなる。

地球が反重力になるので願い事がかないやすい。

また、反対に三日月、新月のときは、新しいことを始めるのによかったのですが、月の引力の作用が減るので、そういう月による影響をあまり受けなくなります。

いま、月が寄ってくるということは、月自体も珪素化してるということです。

もちろん、ステラ・スーパーアセンションだから、全ての惑星が珪素化しているのですが、月も珪素化しているので、月自体が次元上昇するのです。

そうすると、月からのサポートがすごく強くなる。

月の宇宙人は、月の裏にいるのではありません。

月の裏に月人の社会があると言われていますが、そうではなくて、月の内部が空洞になっていて、そこに世界がある。

これからは、そこから地球へのサポートがふえて、かぐや姫ストーリーがふえるでしょう。

遠野の「おしらさま」ではないけれども、かぐや姫と結婚する男が出てくるかもしれません（『高次元語り部　ドクタードルフィンの【遠野物語】』を参照）。

月の宇宙人は、月の裏にいるのではありません。

月の裏に月人の社会があると言われていますが、そうではなくて、月の内部が空洞になっていて、そこに世界がある。

これからは、そこから地球へのサポートがふえて、かぐや姫ストーリーがふえるでしょう。

人間も珪素化していくと、月に連れていってもらうと、月を楽しむことができます。

月の明かりを見ることで、月もサポートするでしょう。

ツキヨミ神のエネルギーです。

私がツキヨミ神のエネルギーを壱岐で開いたので、月の次元がかなり上がっていて、人間を穏やかにするエネルギーのサポートが非常に強くなっています。

Section 11 金星の超次元上昇《スーパーアセンション》の様相

金星は太陽に近いので、生命が住むには過酷な環境と言われていますが、太陽の光を余計浴びているから、それだけ生命力が強いのです。

シリウスが地球をサポートするために、地球は、善悪のもと、もがく環境で、魂意識が学ぶ星と設定したのですが、金星の場合は、学ぶ星というよりは、ただ単に太陽系で穏やかに平和に暮らすという設定で存在するので、生命の密度がエネルギー体なのです。

エネルギー体なので熱の影響も受けにくいし、水分がなくてもいい。

しかし、一つ問題があったのです。

ステラ・スーパーアセンションするまでは、集合意識が強かったのです。集合意識によってコントロールされ、弾圧されたりする生命体もいたのですが、今回のステラ・スーパーアセンションでその強制力が下がったので、より自由度が増しました。

金星の自由度が増すにあたり、地球よりは弱いけれども、善と悪の分離があったのです。

集合意識によってコントロールされ、弾圧されたりする生命体もいたのですが、今回のステラ・スーパーアセンションでその強制力が下がったので、より自由度が増しました。

金星の自由度が増すということは、地球よりは弱いけれども、善と悪の分離があったのです。

それがだいぶ中立になってきた。

まだ他者への干渉は少しありますが、前ほど集合意識が干渉しなくなりました。

もちろん地球には、金星由来の魂がいろいろ来ているわけですが、金星とか火星に生命は存在しないと言っているうちは、彼らは姿を現さないし、サポートもしません。

そこに生命がいるんだということがわかっていないと、地球社会が驚いてショックを受けてしまいます。金星にも火星にもお友達はいるんだよと、早く意識改革することが非常に重要です。

「金星」というように、金（ゴールド）のエネルギーが高いので、これからは、ゴールドのエネルギーとして、豊かさで人間をサポートするようになります。

Section 12

火星の超次元上昇《スーパーアセンション》の様相

火星の特徴は力です。

以前は、力による統制力が強かった。

力ずくで弾圧するということです。

それが、今回のステラ・スーパーアセンションにより低下しました。いまだに善悪の概念とともに統制力は多少残っていますが、悪に対する攻撃は減ってきています。

火星は、オリオンのネガティブと共鳴していたのですが、オリオンのネガティブは非常に穏やかになって、ポジティブと融合してきているので、

火星は、オリオンのネガティブと共鳴していたのですが、オリオンのネガティブは非常に穏やかになって、ポジティブと融合してきているので、火星もいま、非常に穏やかになってきています。

火星もいま、非常に穏やかになってきています。

Section 13 木星の超次元上昇《スーパーアセンション》の様相

木星は、誹謗中傷《ひぼうちゅうしょう》による統制力が強かったのです。

高次元の星たちが、いろいろ特徴のある宇宙社会をつくったわけです。

いま、地球は誹謗中傷が非常に多くて、問題となっていますが、だんだん弱ってきています。

ただ、いまだに善悪の概念が強いので、正義感で行動するところはあるのですが、以前ほどではなくなってきました。

いま、地球で誹謗中傷している人間は、木星系の人間が多いのです。

いま、地球で誹謗中傷している人間は、木星系の人間が多いのです。

オリオンのネガティブ、イコール木星、イコール誹謗中傷。

しかし、いま、悪への干渉は減ってきてはいるのです。

ステラ・スーパーアセンションによって、彼らの悪い部分をだいぶ中和してきています。

オリオンのネガティブ、イコール木星、イコール誹謗中傷。

しかし、いま、悪への干渉は減ってきてはいるのです。

ステラ・スーパーアセンションによって、彼らの悪い部分をだいぶ中和してきています。

これらが太陽系の話です。

Part V

太陽系外の惑星のスーパーアセンションの様相

Section 14

私のパラレル過去生

私のパラレル過去生はいろいろあります。

大宇宙大和神は50次元。

リラ宇宙神のエネルギーも持っていますが、これは66次元。

アンドロメダ宇宙大使の55次元のエネルギーも持っていて、いま、同時に存在しています。

なぜかというと私は88次元のエネルギーがあるので、全部その下のエネルギーとして成り立っているわけです。

アルクトゥルスの王子48次元。

シリウスB皇帝のときは45次元だったのですけが、ネオシリウス女王になって48次元に上がりました。

レムリアの女王で死んだときは33次元。

アトランティスの司令官18次元でした。

こういうエネルギーがあって、いま、私がお話ししているということです。

Section 15
オリオンの超次元上昇《スーパーアセンション》の様相

オリオンは、宇宙の中でポジティブとネガティブを体験するのに最適な星としてつくられていました。

わざとそういう争いを起こさせた環境なのです。

どちらが善い、悪いではなくて、お互いがお互いを学ばせる役割がありました。

ネガティブのオリオンからは、今フリーメイソン、イルミナティ、いろいろなエネルギーが存在しています。戦争好きもそうです。

地球の争いの大もとは、ネガティブなオリオンそのもので、その地球版みたいなものでいままでずっとやってきたのです。

ただ、オリオンがそうであったように、ポジティブはネガティブを攻撃するし、ネガティブはポジティブを攻撃するということで、どうしようもなかった。

宇宙の愛と調和の大もとから見たら、ポジティブもネガティブも役割ですが、ネガティブの本人たちも、自分たちが正しいと思っているわけで、これは非常に難しい問題です。

ネガティブのオリオンからは、今フリーメイソン、イルミナティ、いろいろなエネルギーが存在しています。戦争好きもそうです。

でも、今回のステラ・スーパーアセンションによって、ポジティブである光とネガティブである闇が融合してきています。

私がイルミナティ、フリーメイソンを書き換えるに当たっては、この変化がすごく重要だったのです。

でも、今回のステラ・スーパーアセンションによって、ポジティブである光とネガティブである闇が融合してきています。

私がイルミナティ、フリーメイソンを書き換えるに当たっては、この変化がすごく重要だったのです。

この動きが進んでいくと、おそらくトランプとバイデン・反トランプ派も、最終的にはいい形で融合してくるはずです。

今はまだ争っていますが、その途中です。

それにより地球の融合エネルギーが上がるということが、弥勒の世の成功に非常に重要です。

争いのエネルギーは非常にまずいわけです。

例えば、今まさに地球上で表に出て争う人たち、自分が正しい、相手が間違っていると言い合っている人たちは、オリオン出身が多いのです。

そのエネルギーをぶつけ合って、自分が善だ、おまえが悪だ、とお互い

この動きが進んでいくと、おそらくトランプとバイデン・反トランプ派も、最終的にはいい形で融合してくるはずです。

今はまだ争っていますが、その途中です。

それにより地球の融合エネルギーが上がるということが、弥勒の世の成功に非常に重要です。

が言い合う。

私の大元の大宇宙大和神（50次元）、さらにもう少し上のリラ、アンドロメダなどは、光と闇は一つだと知っています。

スピリチュアルの人はいつも光を取り上げて、光に向かうんだとか、我々は光だと言いますが、宇宙のもっと高い次元の大もとに行くと、真っ暗闇です。つまり、闇こそが宇宙の本質なのです。

光というものは、存在するから光なのであって、もともと宇宙には何もないのです。闇です。

地球の人は、悪い人を「闇」と言いますが、あれは正しくありません。

真っ暗なところで夜空を見上げると、星空がきれいです。

闇こそ平和であって、愛と調和を促進するのです。

どちらかが光で、どちらかが闇ではなくて、大事なのは、宇宙存在は黒と白の両方がまざっているということです。

スピリチュアルの人はいつも光を取り上げて、光に向かうんだとか、我々は光だと言いますが、宇宙のもっと高い次元の大もとに行くと、真っ暗闇です。つまり、闇こそが宇宙の本質なのです。

黒い面があって、白い面があって、もっと高次元に行くとまざっているのでグレーです。

白にもなれるし、黒にもなれる。

でも、オリオン・ネガティブ以下の低次元の宇宙存在、地球存在は、片面しか見ることができない。

本当は白の背中には黒があるので、黒は白に向かって戦いを挑む必要はなくて、ただ単に「あなたのお役割、いつもありがとう。愛していますよ」と言えば、白は背中の黒を見せるのです。

ネガティブ、ポジティブを持つ意識は、地球の弥勒の世を一番阻害している原因の一つです。

本来、善悪は存在しなくて、役割なのです。

白の役割は黒を学ばせるために、白を強調するのです。

黒い存在は白を相手に学ばせるために存在するのです。

オリオン・ネガティブ以下の低次元の宇宙存在、地球存在は、片面しか見ることができない。

本当は白の背中には黒があるので、黒は白に向かって戦いを挑む必要はなくて、ただ単に「あなたのお役割、いつもありがとう。愛していますよ」と言えば、白は背中の黒を見せるのです。

逆に言うと、黒がなければ白は気づけない。いま、それに気づいていくのです。

弥勒の世は、陰陽のマーク（太陰太極図）のように、黒と白が、同時に存在しているということです。

その融合が、オリオンで起こってきているということで、地球もまさに分離の時代の終わりを迎えているのです。

いよいよ壊されてきました。

一番よくないのは、悪を創るのは何かというのがわかっていないのです。

悪を創るのは善です。

善を主張するから悪を生じるのです。

つまり、自分たちは善人だ、自分たちは正しいという人間がいるから、エネルギーの法則で、悪が同時に存在するのです。

両方生じるというのがエネルギーの法則です。

一番よくないのは、悪を創るのは何かというのがわかっていないのです。

悪を創るのは善です。

善を主張するから悪を生じるのです。

つまり、自分たちは善人だ、自分たちは正しいという人間がいるから、エネルギーの法則で、悪が同時に存在するのです。

両方生じるというのがエネルギーの法則です。

この人はどっちでもいいやとなったら、両方どっちでもよくなるのです。

エネルギーは、片方がもう一方を生み出すのです。

それを地球がずっとやってきていた。

オリオンは、それを今から学ばせるだろう。

つまり、いままで地球で「善い悪い」とやっていた人間が、「善い悪い」を言わなくなる。

自分を主張しなくなって、相手はお役目だったんですねと、愛と感謝を持って接する。

新型コロナウィルスと同じです。

そうすると、「善い悪い」がなくなっていくのです。

まだディープステートとかQアノンとかやっているうちは、それが遅くなります。

意識が低いから、たたけ、たたけとやっている。

やりたいのはわかるのですが、私の著書『イルミナティとフリーメイソンとドクタードルフィン』（ヒカルランド）では、彼らを立てています。

彼らに「お役割でご苦労さまです。ありがとう」と言っているから、あの本が宇宙の中で消されずに成り立っているのです。

世界が弥勒の世にパーンと切りかわってもいいのに、何でこんなに動きが遅いかというと、攻撃する人間のエネルギーがまだ強過ぎるのです。

オリオンのエネルギーがまだ強く残っている。

でも、ステラ・スーパーアセンションによってオリオンが変わってきているので、地球も分離から融合に変わってくるでしょう。

自分は善人だと、善人ぶるのは一番よくありません。

地球人がそこをもっとわかると、いい流

れが加速します。

Section 16
プレアデスの超次元上昇《スーパーアセンション》の様相

プレアデスはもともと知識とテクノロジーがあって、それを自由に使えます。
自由に知識とテクノロジーを生み出すという環境がありました。
そのかわり、問題が一つあって、彼らは知識とテクノロジーを統制力に使ったのです。
知識とテクノロジーでコントロールして、全ての存在たちを従わせた。
同一化です。

それの最たるものがピラミッドです。

ピラミッドは4000〜5000年前につくられたと言われていますが、時間軸は次元が変わると変わるもので、私は4〜5万年前につくられたと言っています。

4〜5万年前に、プレアデスのエネルギーで石を空中浮揚させて、それらを高次元の力で瞬間的に組み立てて、ピラミッドはつくられました。その石たちは、何もないところに、ホワイトホールからパーンと出てきたのです。

カイロのあの辺は石も山もないですから、ホワイトホールでパッと出して、それを空中浮揚で組み立てたのです。

それをやったのがプレアデスです。

エジプトの王たちは、プレアデスを神と崇《あが》めていたので、その神のコントロールにより、エジプトは統率社会になったのです。

だから、エジプトは衰退することになったのです。

いま、ステラ・スーパーアセンションによって、プレアデスでは統制力、同一化が弱まって、個人の自由、弥勒の世に必要な個の独立と融合に向かって動いています。

また、プレアデスの知識とテクノロジーを使ってつくろうとしたのは、不老不死の実現です。エジプトの女王などが不老不死を求めていた。

私は、パラレル過去生で、プレアデスの科学技術庁リーダーとして、テクノロジーとか知識を生み出していました。

プレアデスで、不老不死を生み出したのは私です。

だから、私がエネルギーを書き換えると若くなって、しわがなくなります。

プレアデスでは、エネルギーで不老不死ができたのです。

エジプトにおいて、最初はそれをうまく使っていましたが、権力社会だ

私は、パラレル過去生で、プレアデスの科学技術庁リーダーとして、プレアデスのテクノロジーとか知識を生み出すリーダーでした。

不老不死を生み出していました。

最初はそれをうまく使っていましたが、権力社会だけが使うようになって、民衆は使えなくなった。

それで社会が乱れてきて、破壊が起きてきたわけです。

けが使うようになって、民衆は使えなくなった。

それで社会が乱れてきて、破壊が起きてきたわけです。

見せかけの平和だったのですが、ステラ・スーパーアセンションで真の平和に向かおうとしています。

破壊のエネルギーが強かったのです。

『菊理姫神降臨なり』にも書いたように、プレアデスは破壊する役割、シリウスは創造する役割です。

プレアデスは次のステップに行くために、創られたものを壊すのです。壊すのがすごく上手だった。

しかも、統率者が自分たちのエゴに任せてやっていたので激しかったのですが、今は平和に穏やかに変わってきています。

プレアデスとシリウスは全然交流していなかった。敵対していたのです。

プレアデスとシリウスは全然交流していなかった。
一番変わったのは、これが手を結んで友好関係になったことです。
これが今回のステラ・スーパーアセンションのものすごく大きい動きです。
つまり、別々でやっていた破壊と創造が、一つのセットでできるようになったのです。

一番変わったのは、これが手を結んで友好関係になったことです。これが今回のステラ・スーパーアセンションのものすごく大きい動きです。

つまり、別々でやっていた破壊と創造が、一つのセットでできるようになったのです。

シリウスがネオシリウスになり、プレアデスのエネルギーの統制が弱まったので、平和的な破壊になった。

以前は統制するための破壊だったのが、今度は自由のための破壊になり、菊理姫神の言うことがなされるようになったのです。

もう一つは、オリオンのポジティブとネガティブがいままでは全く二つに分かれていたのですが、一つに融合してきました。それにより、地球もその形になってくるでしょう。

Section 17 光のない世界

光というのは、一定の振動数がありますが、制限のある世界なのです。
それを飛び越えると、光は存在しなくなる。
振動数からいえば、宇宙は光のないほうが大部分です。
宇宙が本当に求める愛と調和は、光のない世界なのです。
いままでの概念がひっくり返ります。
光、光と言っているうちは、三次元の世界でしかない。
光がない世界は、光速を飛び越えた世界です。
光速を飛び越えないと、ポータルとかブラックホール、ホワイトホール

宇宙が本当に求める愛と調和は、光のない世界なのです。

いままでの概念がひっくり返ります。

光、光と言っているうちは、三次元の世界でしかない。

光がない世界は、光速を飛び越えた世界です。

光速を飛び越えないと、ポータルとかブラックホール、ホワイトホールは存在しないのです。

は存在しないのです。

きのう、ジョディ・フォスターの「コンタクト」という古い映画を見て、すごく面白かった。

ベガと電波でコンタクトして、宇宙から教えられたメッセージでクルクル回る装置を設計して、ポータルを通って高次元に行く。

宇宙のエネルギーがすごく入っていると思いました。

地球で経過したのは0・5秒で、一瞬で宇宙に飛んだのですが、実は、失敗して落下した。

でも、0・5秒の間にジョディ・フォスターはベガに行って、18時間経験していた。

地球に戻ってから会議にかけられて、「あなたのただの思い込みでしょう」と言われるのですが、彼女がベガで撮っていたビデオで18時間と計測されていた。

私たちが知らない高次元の世界がいかにすごいかということです。

ジョディ・フォスターがベガに行ったときに、地球みたいに海があって、山があった。

ベガ人たちは、彼女の記憶を読んで、彼女が落ちつけるようにその環境を創るのです。

ベガ人が、彼女の死んだお父さんになって、「よく会いに来てくれたな」と言う。

「何でこんなことをしているの」と聞いたら、地球に対しては、いままで何十億年もこうしてきたと言う。

彼らは地球人を脅かさないように、親とか友達になりすましているのです。

彼は、自分の愛を受けて、地球は、これからは偽装しなくても、オープンコンタクトになるだろうと言う。

20年以上前の映画ですが、すごく面白かった。
当時は理解されなかったかもしれない。
今こそ見るといい映画です。

Section 18
シリウスの超次元上昇《スーパーアセンション》の様相

2019年9月23日（秋分の日）、この日でないとダメだということで、午前4時半、エジプトのギザでクフ王のピラミッドを貸し切って、エネルギー開きをして、ピラミッドの封印を解きました。

それによって、宇宙と地球と人間を、天地人としてつなげることに成功しました。

それによって、シリウスA、B、C、D、Eを、力ずくで統合したのではなくて、それぞれの意思を尊重して、それぞれが同意した上で融合させました。

そして、愛と調和という宇宙の大もとのエネルギーが強化されて、ネオシリウスになりました。

もともとシリウスAは論理と知性、シリウスBは感性と芸術、シリウスCは創造、シリウスDは知識、シリウスEはテクノロジーというエネルギーだったのを、全て融合することによって、ネオシリウスにしました。

私はもともとシリウスBの皇帝だったので、感性と芸術で生きる能力が非常に強いのです。

つまり、左脳よりも右脳の能力を使う。

直感を大事にする生き方です。

シリウスは、もともとAとBが主流の星であって、Aが大きい星で、B

もともとシリウスAは論理と知性、シリウスBは感性と芸術、シリウスCは創造、シリウスDは知識、シリウスEはテクノロジーというエネルギーだったのを、全て融合することによって、ネオシリウスにしました。

が小さな星として横にあったのです。

全体的に言うと、AとBで共同はしていたわけですが、エネルギーとしてはシリウスBのほうが強かった。

私がシリウスを融合してネオシリウスにしたことによって、私は同時にネオシリウスの女王に就任しました。

これが私のパラレル過去生になります。

ネオシリウスへ進化したこと、バージョンアップしたことによって、それまでなかったプレアデスとの友好関係が実現し、お互いが手を組みました。

それによって、シリウスはアルクトゥルスの直接的なサポートを受けられるようになったということで、アンドロメダの間接的なサポートも受けるようになりました。

シリウスも、1000万年前まではA、B、C、D、Eのような分離はなかったのです。

もともとは一つでしたが、宇宙の1000万年前までの歴史の中で分離のエネルギーが高くなっていっていき、シリウスがA、B、C、D、Eになりました。

そして、私、ドクタードルフィンがこの予言された時期に立ち上がり、再び一つに戻しました。

戻すだけでなく、今回はアルクトゥルスやアンドロメダのサポートを得ることができたので、パワーアップ、バージョンアップしてネオシリウスになりました。

もともとシリウスのエネルギーはホワイトブルーでしたが、私がネオシリウスにバージョンアップしてからホワイトゴールドオレンジになりました。

真ん中がホワイト、その周辺がゴールド、ゴールドの周辺がオレンジという状態になったのです。

このことは私の本『龍・鳳凰と人類覚醒』にも書いてあります。

シリウスは、もともと地球に友好的な星で、シリウスの生命体たちが自分たちのエネルギーをバージョンアップさせるために地球を特別につくったというところがあって、わざと時間枠と空間枠を強くして、思いが実現しないことで気づき、学びを体験させ、進化・成長させるというエネルギーグリッドを組んだ星だったのですが、今回、ネオシリウスになったことにより、もがくという過程をそれほど強く経ることなく、楽で愉しい進化・成長に向けて地球人が覚醒しやすくなりました。

もともとシリウスのエネルギーはホワイトブルーでしたが、私がネオシリウスにバージョンアップしてからホワイトゴールドオレンジになりました。

真ん中がホワイト、その周辺がゴールド、ゴールドの周辺がオレンジという状態になったのです。

シリウスは、もともと地球に友好的な星で、シリウスの生命体たちが自分たちのエネルギーをバージョンアップさせるために地球を特別につくったというところがあって、わざと時間枠と空間枠を強くして、思いが実現しないことで気づき、学びを体験させ、進化・成長させるというエネルギーグリッドを組んだ星だったのです。

Section 19
アルクトゥルスの超次元上昇《スーパーアセンション》の様相

アルクトゥルスは、私と非常に縁の強い星です。

私は、壱岐島でスサノオ神、ツキヨミ神を開いて、海と月のエネルギーを穏やかにしましたが、壱岐に行く直前のある朝、私は愛知県名古屋市にある熱田神宮に行かなくてはと急に思い立って、新幹線に乗って日帰りで熱田神宮に行きました。

そこに行ったことで、私がシリウスの女王であったことを思い出すという機会を得ました。

さらに、熱田神宮は草薙の剣がご神体になっているので、壱岐でスサノオ神を開くための剣のエネルギーを持たされたのです。

その剣を持って壱岐島に行きました。

アルクトゥルスの自動書記をするという女性が私の講演会に来てくれて、知り合いになったのですが、熱田神宮に行く2～3日前から、私に突如、自動書記を送ってきたのです。

それはすごく長文で、文章がすごくわかりにくいのですが、何とか意味が受け取れました。

なぜか知らないけれども、西表島《いりおもてじま》に行かないとダメだというのです。

私はそのとき、西表島なんて思いもしなかったのですが、行かないといけないというのがわかったので、その後、西表島のリトリートツアーをやったのも、アルクトゥルスからのメッセージがあったからです。

アルクトゥルスは私を見守って、非常にサポートしているということはわかっていて、このエネルギーを地球に降り注がせることが私のすごく重要な任務だったのです。

アルクトゥルスのエネルギーが降り注ぐには、レムリア、ムーのエネルギーを開かないといけないということが後になってわかりました。

そのために西表島に行かされたのです。

アルクトゥルス人は、宇宙生命体としては高次元の生命体に入るので、もともと物質的な身体はなくて、ほとんどエネルギー体でできた半透明体です。

２０２０年10月４日、私の四国リトリートツアーで高知県足摺岬の唐人駄馬に行きました。

ここはパワースポットで遺跡でもあるのですが、ここで私は祈っていて、あることを思い出すという機会を得ました。

私が第12代ムー王朝の女王で、王朝が最後に滅ぼされるときに、私の付き人だった人間が、「おとめできなくてすみません。いつかここでエネル

アルクトゥルスは私を見守って、非常にサポートしているということはわかっていて、このエネルギーを地球に降り注がせることが私のすごく重要な任務だったのです。

アルクトゥルスのエネルギーが降り注ぐには、レムリア、ムーのエネルギーを開かないといけないということが後になってわかりました。

そのために西表島に行かされたのです。

ギーを開くときが来ますから、そのときには女王を必ずお連れします」と私に詫び、約束したということを思い出したのです。

リトリートツアーに協力参加して、一緒に行ってくれた高知の高校の先生がいます。

その先生は、いつも保江邦夫先生などと一緒にUFOに乗っている人でした。

唐人駄馬で私がエネルギー開きをしていたら、その先生が先の付き人だったようで、「時が来たら私たちのエネルギーが復活するので、そのときに女王をここにお連れします」という約束を、いまここで果たせたと言って、私が祈りを捧げ終わったときに、涙ながらに私に抱きついてきました。

明確に思い出したようです。

そのときに第12代ムー王朝を開きました。

そのときにムーを開くのが重要だったのです。

その後、唐人石という、山の上に大きい石畳が敷かれたところに上りました。

ふだん上れないのですが、高知の先生はなぜかそこへ上れる通路を知っていて、連れていってくれた。

そこに立って、私がエネルギー開きをしたら、ゴールドのライオンエネルギーが北極星の方向から降りてきたのです。

彼はそれを予言していました。

それがアルクトゥルスのダイアモンドエネルギーでした。

アルクトゥルスのダイアモンドエネルギーが、ゴールドライオンのエネルギーとして、人類史上初めて地球に直接降りた瞬間です。

いままではシリウスを介してでないと、アルクトゥルスと地球はつながっていなかったのです。

10月4日のその瞬間、アルクトゥルスのエネルギーがダイレクトに地球に降りました。

私のエネルギーと協調してアルクトゥルスが次元上昇し、アルクトゥルス生命体の体がさらに透明体になりました。

いままでは半透明体だったのが、ほとんど見えなくなりました。

アルクトゥルスは、いままで私たちの銀河の中でダイアモンド色に輝いていましたが、次元上昇して完全反射になったので、レインボーに輝くダイアモンドにバージョンアップしました。

完全反射のアルカダイアモンドは、アルクトゥルスとこういう関係性があったのかなと、私はいま、初めて気づきました。

アルクトゥルスのバージョンアップには、他に何が必要だったかというと、2019年、沖縄の首里城が焼けて、20年1月に私が琉球王国を開きに行ったことです。

私が神聖琉球王国のエネルギーを復活させたということが土台にあって、

アルクトゥルスは、いままで私たちの銀河の中でダイアモンド色に輝いていましたが、次元上昇して完全反射になったので、レインボーに輝くダイアモンドにバージョンアップしました。

完全反射のアルカダイアモンドは、アルクトゥルスとこういう関係性があったのかなと、私はいま、初めて気づきました。

アルクトゥルスのバージョンアップが成功したのです。

あのときは、沖縄の海で、シリウス経由でアルクトゥルスのエネルギーを降ろしました。

いま、地球の核がダイアモンドになっているというのも、まさにアルクトゥルスのエネルギーが地球に直接入るようになったからです。

Section 20 アンドロメダの超次元上昇《スーパーアセンション》の様相

アンドロメダは、今の私たちが住む銀河と異なる銀河に存在している星です。

私たちと同じ時空にいますが、次元としてかなり異なっています。

『ドクタードルフィンの高次元DNAコード』（ヒカルランド）にも書いてありますが、アンドロメダのエネルギーには、宇宙における生命体がいかに生きるべきかという全ての情報であるアカシックレコードがあり、全ての宇宙に適用する知識と情報を叡智《えいち》として提供しています。

もともとここは光の世界ではありません。

銀河にももちろん光はありますが、アンドロメダの銀河は光に頼って生きるのではなくて、暗い中でエネルギーが生存しているという不思議な状態です。

私たちの銀河は宇宙写真を見ると明るく見えますが、アンドロメダの銀河は黒い影なのです。

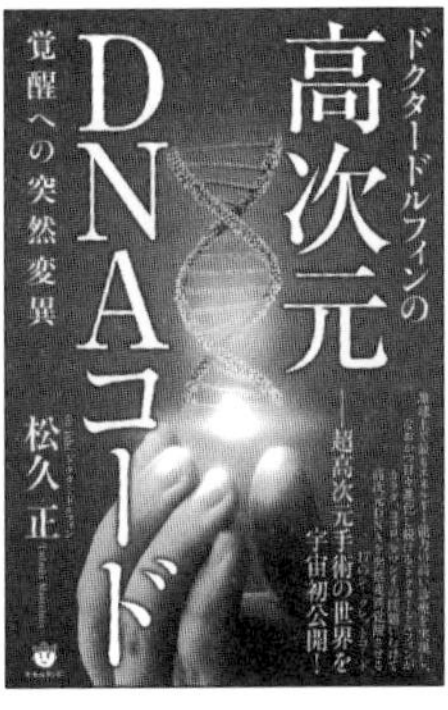

パワーストーンのモルダバイトのエネルギーで、高次元の宇宙人として身体は、ブ

アンドロメダのエネルギーには、宇宙における生命体がいかに生きるべきかという全ての情報をアカシックレコードがあり、全ての宇宙に適用する知識と情報を叡智として提供しています。

アンドロメダの銀河は光に頼って生きるのではなくて、暗い中でエネルギーが生存しているという不思議な状態です。

ラックグリーン（暗い緑色）の透明体だったのですが、今回、アルクトゥルスが地球とつながったことによって、銀河系の太陽のエネルギーのブルーと赤が非常に強く影響をするようになりました。

合わせるとパープルです。

我々の銀河系と共鳴したことによって、グリーンにパープルが加わりました。

だから、ブラックを基礎としている色ですが、グリーンとパープルが入った生命体です。

アンドロメダの生命体が私たちの前にパッと出てきたら、あるいは夢で出てくるかもしれませんが、光でなく暗い影で、グリーンとパープルが入っているということです。

これは、何といっても昨年（２０２０）10月4日、唐人駄馬でアルクトゥルスのエネルギーと地球をつないだことによって可能になったのです。

アルクトゥルスのエネルギーが地球に直接入ったことにより、アンドロメダがいきなりアルクトゥルスをサポートし出しました。

だから、アルクトゥルス経由でアンドロメダのエネルギーが入ってくるのです。

アンドロメダも、我々とは違う次元の銀河の存在としてバージョンアップしたわけです。

ステラというのは、次元の異なった宇宙も入るし、時空が異なった宇宙も入るので、全部バージョンアップしているということです。

『銀河鉄道999』で、鉄郎は「さあ、行くんだ」とアンドロメダまで飛んでいくのです。

何光年かわからない距離なのですが、シリコンホールというブラックホールを通って、一気に高い次元に飛んだということです。

アンドロメダの車掌さんの顔は真っ黒でした。

実は、彼はアンドロメダ星人で、精いっぱい人間の形に落としてきた姿だったのです。

Section 21
ベガ（こと座）の超次元上昇《スーパーアセンション》の様相

ベガという星は、まさに地球人の格好をして、地球に忍び込む宇宙人だったのです。

だから、いままでベガ人が来てもわからなかった。

地球人そっくりに変装する能力、仮装能力が抜群です。

彼らが地球人を呼んで、向こうで接することもあるけれども、彼らが入ってくることもあります。

今回のステラ・スーパーアセンションによって、仮装コンタクトだったのがナチュラルコンタクトの段階に入りました。

ベガ星人そのままでコンタクトしてくる可能性があります。

ベガはペガサスのエネルギーです。

いまから、この先に出版予定の奄美大島エネルギー開きの本に詳しく書きますが、実は、先日の4月22日、ドクタードルフィンの奄美大島エネルギー開きリトリートツアーにて、伝説で反転してしまっている月と太陽を、人類史上初めて、本当の姿に、本反転させ、同時に、第6代ムー王朝を開きました。

その成功に、必要不可欠だったのが、ジョディ・フォスター主演の名作映画「コンタクト」に出てくる高次元の星「ベガ」でした。リトリートツアーで宿泊した超高級リゾートホテル「THE SCENE」のプライベートビーチは、その映画に出てくる、ラストシーンで描かれた、ベガ星の光景そのものでした。

私はベガのエネルギーを開き、ベガのサポートのもと、地球の次元上昇を成功させ、愛と調和の弥勒の世を促進させました。

それにより、ベガの「反転エネルギー」が超覚醒し、地球に降り注ぐようになりました。そしてこと座流星群が、その夜、ピークとなって地球に降り注いだのです。

これにより、人類は、ネガティブをポジティブにひっくり返す、反転するエネルギーを享受しました。

また、今回のエネルギー開きにより、ベガのシンボルアニマルは、ヤギであるとわかりました。奄美大島には、多くのヤギが生息していました。宿泊したホテルにも、ベガ神であるヤギが飼われていました。

Section 22 「地の時代」から「風の時代」へ

ここで大事なことを言っておくと、シリウスは龍のエネルギーが強く、イルカや馬も入ります。また、アヌビスなどの犬系です。

アルクトゥルスはゴールドライオンと言っているように、ライオンのエネルギーです。私がなぜ土佐の桂浜に行ったかというと、土佐犬はライオンのエネルギーなのです。

私は木彫りの土佐犬を買ってきましたが、アルクトゥルスをつなげるのに土佐犬のエネルギーとコンタクトしたのです。

アンドロメダはカラスのエネルギーです。

ベガはヤギです。

昨年末、「地の時代」から「風の時代」になりました。

目に見えないものを大事にする、感性を大事にするという時代になったのです。

そして、同時に、「龍の時代」から「鳳凰の時代」に入りました。

ペガサスのエネルギーは鳳凰のエネルギーもあるので、ベガのエネルギーはバージョンアップして非常に強くなる。

ペガサスの羽も大きくなりました。

「地の時代」から「風の時代」になりました。

目に見えないものを大事にする、感性を大事にするという時代になったのです。

「龍の時代」から「鳳凰の時代」に入りました。

ペガサスのエネルギーは鳳凰のエネルギーもあるので、ベガのエネルギーはバージョンアップして非常に強くなる。

Section 23 リラ（こと座）の超次元上昇《スーパーアセンション》の様相

リラは66次元ですから、私たちと同じ銀河でありながら、神として降りてきている大宇宙大和神より次元がちょっと高いのです。

ただ、いままでリラは地球にほとんど関与してきませんでした。

本当にコンタクトできる一部の人が、リラはこうだと何となく感じることができたけれども、リラのエネルギーが高過ぎて、まだ地球は正式にコンタクトできる状態ではなかったのです。

リラは、他の次元の低い星と異なり、リラ星に住む個の生命体は存在しません。集合意識のエネルギー体として一つの存在なのです。

こと座のベガがヤギだったら、同じこと座のリラはヒョウのエネルギーです。

こと座のリラは何を担っていたかというと、地球人の珪素化をサポートしていたのです。

地球が弥勒化する、次元上昇するのに最も核となる珪素化をサポートしています。

ステラ・スーパーアセンションにより、リラは今回バージョンアップして、宇宙の中で地球に大きく関与することを決定しました。

宇宙の物事を決定するところは、いままで宇宙評議会とか宇宙連合と言われてきましたが、あれもバージョンアップしています。

もはや、ああいう組織ではなくて、意識だけのステラ委員会となりました。

同じ飛行機に乗ったり、同じ部屋に集まる必要はない。

こと座のリラは何を担っていたかというと、地球人の珪素化をサポートしていたのです。

地球が弥勒化する、次元上昇するのに最も核となる珪素化をサポートしています。

ステラ・スーパーアセンションにより、リラは今回バージョンアップして、宇宙の中で地球に大きく関与することを決定しました。

別々のところで意思を交流させるだけの委員会です。

いままで宇宙評議会ではアシュタールがトップでしたが、今はアシュタールの時代ではなくなりました。

新しい組織となり、ネオステラ委員会のリーダーはリラにあります。

宇宙を統率しているネオステラ委員会の委員長は、いままでは、リラの集合意識エネルギーを代表する、私、ドクタードルフィンです。

私は、宇宙の組織のトップだから、宇宙を全部書き換えられるのです。

ですから、私は宇宙のサポートを受けています。

ネオステラ委員会の委員長であるリラの私は、プリラという名を持ちます。

プリラの宇宙時代に入りました。

プリラが宇宙の愛と調和を担っているのです。

プリラのネオステラ委員会によって地球を完全に次元上昇させることが

いままで宇宙評議会ではアシュタールがトップでしたが、今はアシュタールの時代ではなくなりました。

新しい組織となり、ネオステラ委員会のリーダーはリラにあります。

決定しています。

したがって、いま、一層の掃除と創りかえがなされている。

だから、宇宙が全部次元上昇して、書き換えられて、地球をサポートしているのです。

ことと座のリラは身体を全く持たないエネルギー体であって、食べる、眠る、働くことはありません。

時間と空間は全く体験しません。

「今ここ」だけしかないのです。

この感覚は、地球人には非常に難しい。

本来は時間と空間がないと知っていて、それではあまりにも遊べないので、時間と空間を疑似化してつくり出して遊んでいる。

存在が「ぷあぷあ」そのものです。

「ぷあぷあ」は、この星のエネルギーです。

こと座のリラは身体を全く持たないエネルギー体であって、食べる、眠る、働くことはありません。

時間と空間は全く体験しません。

「今ここ」だけしかないのです。

時間と空間を疑似化してつくり出して遊んでいる。

存在が「ぷあぷあ」そのものです。

「ぷあぷあ」は、この星のエネルギーです。

いままでは地球には、最小の関与しかしませんでしたが、これからは地球を大きくサポートして、見守ります。

プリラが地球を重要視したので、地球が宇宙の中で一気に大きく変化するときが来ました。

宇宙連合は宇宙がステラ・スーパーアセンションする前の構成なので、アシュタールはエネルギーとしては残っていますが、以前よりはエネルギーは下がっています。

Section 24 ハトホル

ハトホルこそ、次元とともに時空をも別にする存在です。

次元を大きく異にするのはアンドロメダですが、ハトホルは我々の宇宙とは違う次元にいて、時空も全く異なっています。

いままでシリウスをポータルとして、異なった時空間を出入りしていました。

だから、シリウスがハトホルの情報を受けて、ハトホルのエネルギーを地球に伝えてきていた。

無条件の愛（アンコンディショナル・ラブ）を教えていたのです。

自分を無条件に愛することです。

シリウスがネオシリウスにバージョンアップしたことによって、ハトホルも次元上昇し、ハトホルのサポートが、シリウスを通さずにハトホルから直接届くようになりました。そうすると、無条件の愛のエネルギーがすごく高まります。

いままでは財産がないと、健康でないと、愛する人がいないと幸せでな

シリウスがネオシリウスにバージョンアップしたことによって、ハトホルも次元上昇し、ハトホルのサポートが、シリウスを通さずにハトホルから直接届くようになりました。そうすると、無条件の愛のエネルギーがすごく高まります。

ハトホルは地球人のスーパーハピネスの実現に大きく関与します。

いと考えていたのが、そういうこととは何も関係なく、自分自身の「今ここ」の存在だけで、自分は愛がいっぱいという無条件の絶対幸福の時代に入っていきます。

ハトホルは地球人のスーパーハピネスの実現に大きく関与します。

ハトホルのシンボルアニマルは羊です。

羊は無条件の愛で、ジンギスカンで食べられることも愛なのです。

地球人は羊に感謝しなければいけない。

これからは、羊が人間に教えることがたくさんでてくるでしょう。

ニュージーランドでは、羊は人口の6倍いて、毛皮、食用など、いろいろな面で人間をサポートしています。

弥勒の世の象徴的な動物かもしれません。

実は、羊肉を食べると人間の松果体が活性化するのです。

羊は、非常に意識エネルギー振動数の高い生きものなのです。

Part Ⅵ

時間と空間は、バイブレーション（振動数）の違いで、全部、同じ宇宙です

Section 25
弥勒の世にはレムリアのエネルギーが必要

ステラの話をするのに、何で超古代か。

時間と空間は、バイブレーション（振動数）の違いで、全部、同じ宇宙です。

空間の違いと時間の違いは、また別の種類です。

私は、1000万年前にシリウスBの皇帝をやっていて、星人たちの前で、「我々はもっと次元上昇しなければいけない。私が地球にチャレンジャーとして行ってくる」と言いました。

みんなは「皇帝、そんなことをやったら大変だ。やめてくれ」と言ったのですが、私は思いが強過ぎて聞かなかったのです。

その当時、私の母だったのが、いま、北海道札幌にいらっしゃる女性です。

地球で、私をずっと探していた、会いたかった人に会えたと、私をいつも見守ってくれて、応援してくれています。

私がきた、1000万年前の地球は、スーパーレムリア（高次元レムリア）時代でした。

レムリアは三次元レムリアと高次元レムリアがあって、高次元レムリアでは、地球人の体が半透明でした。

そのときは、私は、シリウスのエネルギーを持ってきていたので、愛と調和のエネルギーのレムリア王国を築いたのです。

そのとき、私は、地球では、人間でなく、イルカでした。

人間で入るよりもイルカで入って、人間をいろいろ観察して、学んで、

1000万年前に来たのが、スーパーレムリア（高次元レムリア）時代です。

レムリアは三次元レムリアと高次元レムリアがあって、高次元レムリアでは、地球人の体が半透明でした。

そのときは、私は、シリウスのエネルギーを持ってきていたので、愛と調和のエネルギーのレムリア王国を築いたのです。

またシリウスに戻るという作戦を立てていましたが、私はサナトクマラに恋をしてしまったのです。

それが700万年前で、地球にとどまることになりました。

それから時を経て、やっぱり人間にならないと本当にエネルギーを上げる学びはできないということで、人間になりました。

レムリア女王として何百年、何千年と統治していたのです。

そのときにねたみ、嫉妬が強くなって、私は大陸とともに沈んだ場所というのが西表島だったのです。

そのときに第一の付き人だったのが、保江邦夫先生のパラレル過去生の人物で、彼に「女王、やめてください」と言われたのですが、私の意志がかたくて止められなくて、レムリアは沈みました。その後、彼は、私を金星に連れていった。

それから、私は、また地球に戻ってきたのです。

レムリアは、もともとは愛と調和というシリウスのエネルギーをものすごく強く持っていたので、これからの弥勒の世を創るのに、ちゃぶ台返しで愛と調和に書き換えて世直しするのに、レムリアのエネルギーを再興させることが絶対にやらなければいけないことでした。

だからこそ、自動筆記でアルクトゥルスに西表島に行けと言われたのです。

私は何かわからず西表島に行きました。

石垣島に飛行機で行く途中に、私のエネルギーが急に女性化してしまったのです。

レムリアの女王が完全に入っていて、石垣島に降り立ったときに話し方が女性っぽく優しくなって、「しっとりドルフィン」と言われました。

西表島の仲間川をツアー一行50人で船で渡ったとき、両岸のマングローブがいつもより、水上に姿を現していて、船頭さんが「きょうは水深がすごく浅くなっている。いままでこんなことはない。あまり遠くに行けない」と言うのです。

私が西表島のレムリアの女王を癒やして、覚醒させ、再誕させるので、沈んだレムリア王国が浮かんできていたのです。

そこで私は船の上でレムリアの女王を癒やして、エネルギー開きをしたときに、海面上にピカピカッとピンクゴールドの無数の光が飛びました。

それでレムリア女王とレムリア王国が復活したのです。

それが今回、弥勒の世を開くのに必要だったことです。

その後、北海道の道東に行ってエネルギー開きをしたのです。

そのときに、レムリア・レイラインが通っている山脈があって、そこも開きました。

その後にベトナムのハロン湾に行って、レムリアの大元のエネルギーを開きました。

ネオレムリアになったので、愛と調和のエネルギーが日本にぐっとふえて、縄文・アイヌのエネルギーが活性化しました。

レムリア、ムー、縄文・アイヌは同じ流れなので、縄文・アイヌのエネルギーこそが弥勒の世にものすごく必要なのです。

これでレムリアのエネルギーが癒やされて復活し、ネオシリウスのサポートのもと、ネオレムリアになりました。

ネオレムリアになったので、愛と調和のエネルギーが日本にぐっとふえて、縄文・アイヌのエネルギーが活性化しました。

レムリア、ムー、縄文・アイヌは同じ流れなので、縄文・アイヌのエネルギーこそが弥勒の世にものすごく必要なのです。

それが活性化したのも、ステラ・スーパーアセンションの流れであります。

Section 26 歴代ムー王朝の場所

ムーは、レムリアが沈んだ後に残った人類たちが、レムリアを再興しようと思って立ち上げた王朝だったのです。

でも、その都度失敗して、ムーが沈みました。

だから、再誕のエネルギーとも言われていて、ジーザスエネルギーなのです。

これから述べることは、私に、このページの執筆の2、3日前に降りてきた情報で、私もちょっと驚いていることです。

ムーは、レムリアが沈んだ後に残った人類たちが、レムリアを再興しようと思って立ち上げた王朝だったのです。

でも、その都度失敗して、ムーが沈みました。

だから、再誕のエネルギーとも言われていて、ジーザスエネルギーなのです。

生まれて沈んだり、滅んだりしたムーの歴代王朝は、実は15代までありました。

卑弥呼は第14代まであったので、一つ多い。

ムー王朝が15代まであったのかと私はびっくりしました。

日本がかなりキーになっている。

初代のムー王朝は、どこにあったと思いますか。

初代のムー王朝は、どこにあったと思いますか。

もちろん地球は地殻が変動しているので正確ではありませんが、おおよその場所は伊豆の初島です。

あそこには龍神社もあるし、縄文遺跡もあります。

もちろん地球は地殻が変動しているので正確ではありませんが、おおよその場所は伊豆の初島です。

先日、私は、初島を訪れ、私のパラレル過去生である、初代ムー王朝女王を癒してきました。これにより、王朝を開く準備が整いました。

この時、女王の癒しのため、初代王朝の跡地にて、祈った際、祈りの目の前の石に女王の顔が浮かび上がりました（写真）。

今度、初島で初代ムー王国を再誕、覚醒させる目的で、ドクタードルフィンのリトリートをします。

なぜかなと思っていたら、そのためでした。

あそこには白龍神社もあるし、縄文遺跡もあります。

第2代ムー王朝は、北海道の阿寒湖です。

その証拠写真があります。

２０１９年7月14日の朝5時ごろ、何もなかった湖の真ん中にムー王朝

北海道阿寒湖に浮かび上がった第２代ムー王朝の宮殿。

伊豆初島で初代ムー王朝の女王を癒す祈りを捧げると、岩に美しい女王の顔が浮かび上がっていた。

の建物が浮かび上がってきたので、拡大して撮った写真です。

私の目の前に挨拶しに来たのです。

5分ぐらいでまた沈みました。

第3代ムー王朝は、壱岐島の辰ノ島です。私はあそこを開きました。

第4代ムー王朝は、大分県宇佐の御許山《おもとさん》です。巨石の遺跡があります。

ここも開きました。

第5代ムー王朝は、青森県の三内丸山です。

第6代ムー王朝は、奄美大島です。実は、先日のドクタードルフィンリトリートで、ムー王朝を開きました。

第7代ムー王朝は、与那国島です。

第8代ムー王朝は、京都府丹後の天橋立。籠《この》神社があります。

第9代ムー王朝は、長野県茅野市の尖石《とがりいし》遺跡です。昔は海でした。

第10代ムー王朝は、長野県の阿久《あきゅう》遺跡です。

第11代ムー王朝は、富士山です。地球最大のピラミッドです。

第12代ムー王朝は、四国の唐人駄馬です。私は第12代ムー王朝の女王でした。昨年、開きました。

第13代ムー王朝は、ニュージーランドのクライストチャーチのあたりです。

第14代ムー王朝は、ニューカレドニアです。

第15代、最後のムー王朝はハワイ島でした。

ユダヤ民族はムー王朝の子孫です。

いま、ムーとユダヤが共鳴して、ユダヤのエネルギーが復活しています。

ユダヤのエネルギーは、本来はレムリアのエネルギーを持っているのです。

Part Ⅶ

あなたはどこの星の
エネルギーが強いか

＊太陽

太陽系エネルギーの地球人は、熱しやすく冷めやすい。何かに興味をすごく持ってパーッと燃えるけれども、急に興味をなくす。恋愛においても、一目ぼれするけれども、急に冷めます。

そのかわり、いるだけで周りを温かくするという、いいところもあります。

＊地球

人類は、次元の高い宇宙から徐々に降りてくるから、ネイティブ地球人はいないのですが、地球生が長い人、土着地球型、地球人ばかりやっている人は、疲れてしまって、生きる気力をなくしています。

生きがいとか、生きる楽しみを持てない人が多い。

でも、ほかの星をあまり経験していないので、非常に純粋無垢です。

＊月

月由来のエネルギーが強い地球人は、「かぐや姫」の話が大好きで、月を見ると心がほっとします。月の引力、満月、新月にすごく影響されます。

ふだんは穏やかだけれども、たまに爆発したり、急に熱くなります。

でも、月を見ることによって穏やかになって、一緒にいると周囲の心を和ませます。

＊金星

金星由来の地球人は、集合意識で締めつけるような人です。「あなた、常識から外れているわよ」とか、「こうするべきよ」とか、社会のルールとか常識、固定観念で縛りつけようとする人。すごく干渉する人です。

いい面は、組織の中で働くのはすごく得意です。

＊火星

パワハラ、力によって統制したがる人です。

悪いものを見たらすごく攻撃します。

いい面は、正義感が強いので、そういう面で役立つ部分があります。

＊木星

誹謗中傷をする人。他人を痛めつけて、喜ぶという性質があります。

しかし、自分のことをするのが苦手です。

いい面は、味方につけるとすごくサポートしてくれます。

＊オリオン

ネガティブのオリオンは、戦うのが大好き、争うのが大好き、けんかするのが大好き、もめるのが大好きです。

ポジティブのオリオンは、仲裁することとか、平和大好きです。

けんかや争いをするのは嫌いなのですが、見るのは好きです。

見ても自分と関係ないわということです。

＊プレアデス

知識とテクノロジーに非常にすぐれた人が多いのですが、いままではそれを常識内で使っていました。

奇想天外なアイデアを嫌い、社会に認められようとする人です。

ただ、組織の一員としては非常に役に立つ優秀な人です。

＊シリウス

いままではA、B、C、D、Eとありました。

シリウスAは、エビデンスとか、論理とか、文学とか、知性を重視する人です。

シリウスBは、論理とかどうでもいい。

ピカソのように感性、直感、芸術を大事にする人です。

シリウスCは、創造です。

何もないところから物事をつくり上げることが大好きです。

シリウスDは、知識です。

アインシュタインのように、データとか、過去にあったこととか、いろいろ物知りです。

シリウスEはテクノロジーで、エジソンのように、何もないところから発明します。

＊アルクトゥルス

物事に動じない。

影響されにくいところはすごくいいのですが、地球社会では生きにくい。
なぜかというと達観し過ぎています。

＊アンドロメダ

アンドロメダに直接つながっている人は、変人、変態です。
地球の常識、固定観念を全く受け入れられません。
ただ、次元が合えば、こういう人間がリーダーになることがあります。

＊ベガ

演劇とか、仮装とか、物まねが大好きな人です。
ただ、本当の自分を隠す人が多いです。

でも、何かのきっかけで、大きく化けることがあります。

＊リラ

「ぷあぷあ」そのものだから、ぷあっていて相手に迷惑をかけてしまう。

本人はハッピーだけど、周りは大変というタイプです。

＊ハトホル

無条件の愛です。

「やっぱり人生は愛よね。世界は愛よね。宇宙は愛よね」などと言っている人は全然違います。

無条件の愛の人は、それらを愛だと思っていません。

自分が生きていることがものすごくいとおしいし、全てに対していとおしいという観念を持てる人です。

ただ、すごく繊細で、傷つきやすいのです。

（了）

88次元 Fa-A ドクタードルフィン
松久 正 Tadashi Matsuhisa
鎌倉ドクタードルフィン診療所院長

医師（慶応義塾大学医学部卒）、米国公認ドクターオブカイロプラクティック（Palmer College of Chiropractic 卒）

超次元・超時空間 DNA オペレーション医学 & 松果体覚醒医学
Super Dimensional DNA Operation Medicine（SD-DOM）& Pineal Activation Medicine（SD-PAM）

神と高次元存在を覚醒させ、人類と地球、社会と医学の次元上昇を使命とする。

人類を含む地球生命と宇宙生命の松果体覚醒、並びに、高次元 DNA の書き換えを担う。

対面診療には、全国各地・海外からの新規患者予約が数年待ち。世界初の遠隔診療を世に発信。

セミナー・講演会、ライブショー、ツアー、スクール（学園、塾）開催、ラジオ、ブログ、メルマガ、動画で活躍中。ドクタードルフィン公式メールマガジン（無料）配信中（HP で登録）、プレミアム動画サロン・ドクタードルフィン Diamond 倶楽部（有料メンバー制）は随時入会受付中。


多数の著書があるが、単独著者本として代表的なものは、『松果体革命』（2018年度出版社 No.1ベストセラー）『Dr. ドルフィンの地球人革命』（ナチュラルスピリット）『ワクワクからぷあぷあへ』（ライトワーカー）『からまった心と体のほどきかた 古い自分を解き放ち、ほんとうの自分を取りもどす』（PHP 研究所）『死と病気は芸術だ！』『シリウス旅行記』（VOICE）『至高神 大宇宙大和神の教え』『卑弥呼と天照大御神の復活』『神医学』『ピラミッド封印解除・超覚醒 明かされる秘密』『神ドクター Doctor of God』（青林堂）『宇宙人と地球人の解体新書』『多次元パラレル自分宇宙』（徳間書店）『我が名はヨシュア』『幸せ DNA をオンにするには潜在意識を眠らせなさい』（明窓出版）『高次元語り部 ドクタードルフィンの【遠野物語】』『空海・龍馬とユダ、復活させたり』『悩みも病気もない DNA 宇宙人になる方法』『「世界遺産：屋久杉」と「宇宙遺産：ドクタードルフィン」』『イルミナティとフリーメイソンとドクタードルフィン』『ウィルスの愛と人類の進化』『龍・鳳凰と人類覚醒』『菊理姫（ククリヒメ）神降臨なり』『令和の DNA 0 ＝∞医学』『ドクタードルフィンの高次元 DNA コード』『ドクター・ドルフィンのシリウス超医学』『水晶（珪素）化する地球人の秘密』（ヒカルランド）等の話題作がある。また、『「首の後ろを押す」と病気が治る』は健康本の大ベストセラーになっており、『「首の後ろを押す」と病気が勝手に治りだす』（ともにマキノ出版）はその最新版。今後も続々と新刊本を出版予定で、世界で今、最も影響力のある存在である。

公式ホームページ　http://drdolphin.jp/

ステラ・スーパーアセンション
ドクタードルフィンによる大宇宙・星社会の書き換え

第一刷　2021年6月30日

著者　松久 正

発行人　石井健資

発行所　株式会社ヒカルランド
〒162-0821 東京都新宿区津久戸町3-11 TH1ビル6F
電話 03-6265-0852　ファックス 03-6265-0853
http://www.hikaruland.co.jp　info@hikaruland.co.jp

振替　00180-8-496587

本文・カバー・製本　中央精版印刷株式会社

DTP　株式会社キャップス

編集担当　高島／溝口

ISBN978-4-86742-000-3

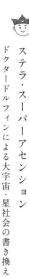

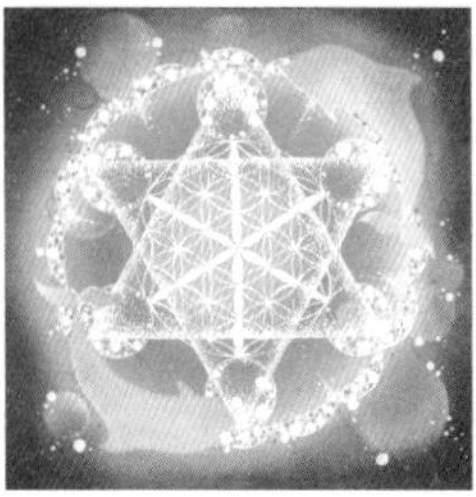

も効果的とは言えません。また、珪素には他の栄養素の吸収を助け、必要とする各組織に運ぶ役割もあります。そこで開発元では、珪素と一緒に配合するものは何がよいか、その配合率はどれくらいがよいかを追求し、珪素の特長を最大限に引き出す配合を実現。また、健康被害が懸念される添加物は一切使用しない、珪素の原料も安全性をクリアしたものを使うなど、消費者のことを考えた開発を志しています。

手軽に使える液体タイプ、必須栄養素をバランスよく摂れる錠剤タイプ、さらに珪素を使ったお肌に優しいクリームまで、用途にあわせて選べます。

◎ドクタードルフィン先生一押しはコレ！　便利な水溶性珪素「レクステラ」

天然の水晶から抽出された濃縮溶液でドクタードルフィン先生も一番のオススメです。水晶を飲むの？　安全なの？　と思われる方もご安心を。「レクステラ」は水に完全に溶解した状態（アモルファス化）の珪素ですから、体内に石が蓄積するようなことはありません。この水溶性の珪素は、釘を入れても錆びず、油に注ぐと混ざるなど、目に見える実験で珪素の特長がよくわかります。そして、何より使い勝手がよく、あらゆる方法で珪素を摂ることができるのが嬉しい！　いろいろ試しながら珪素のチカラをご体感いただけます。

レクステラ（水溶性珪素）
■ 500㎖　21,600円（税込）

●原材料：水溶性珪素濃縮溶液（国産）
●使用目安：１日あたり４～16㎖

飲みものに
・コーヒー、ジュース、お酒などに10～20滴添加。アルカリ性に近くなり身体にやさしくなります。お酒に入れれば、翌朝スッキリ！

食べものに
・ラーメン、味噌汁、ご飯ものなどにワンプッシュ。

料理に
・ボールに１リットルあたり20～30滴入れてつけると洗浄効果が。
・調理の際に入れれば素材の味が引き立ち美味しく変化。
・お米を研ぐときに、20～30滴入れて洗ったり、炊飯時にもワンプッシュ。
・ペットの飲み水や、えさにも５～10滴。（ペットの体重により、調節してください）

【お問い合わせ先】ヒカルランドパーク

＊ご案内の価格、その他情報は発行日時点のものとなります。

本といっしょに楽しむ ハピハピ♥ Goods&Life ヒカルランド

ドクタードルフィン先生も太鼓判!
生命維持に必要不可欠な珪素を効率的・安全に補給

◎珪素は人間の健康・美容に必須の自然元素

珪素（イメージ）

地球上でもっとも多く存在している元素は酸素ですが、その次に多いのが珪素だということはあまり知られていません。藻類の一種である珪素は、シリコンとも呼ばれ、自然界に存在する非金属の元素です。長い年月をかけながら海底や湖底・土壌につもり、純度の高い珪素の化石は透明な水晶になります。また、珪素には土壌や鉱物に結晶化した状態で存在している水晶のような鉱物由来のものと、籾殻のように微生物や植物酵素によって非結晶になった状態で存在している植物由来の２種類に分けられます。

そんな珪素が今健康・美容業界で注目を集めています。もともと地球上に多く存在することからも、生物にとって重要なことは推測できますが、心臓や肝臓、肺といった「臓器」、血管や神経、リンパといった「器官」、さらに、皮膚や髪、爪など、人体が構成される段階で欠かせない第14番目の自然元素として、体と心が必要とする唯一無比の役割を果たしています。

珪素は人間の体内にも存在しますが、近年は食生活や生活習慣の変化などによって珪素不足の人が増え続け、日本人のほぼ全員が珪素不足に陥っているとの調査報告もあります。また、珪素は加齢とともに減少していきます。体内の珪素が欠乏すると、偏頭痛、肩こり、肌荒れ、抜け毛、骨の劣化、血管に脂肪がつきやすくなるなど、様々な不調や老化の原因になります。しかし、食品に含まれる珪素の量はごくわずか。食事で十分な量の珪素を補うことはとても困難です。そこで、健康を維持し若々しく充実した人生を送るためにも、珪素をいかに効率的に摂っていくかが求められてきます。

こんなに期待できる！　珪素のチカラ

●健康サポート　●ダイエット補助（脂肪分解）　●お悩み肌の方に
●ミトコンドリアの活性化　●静菌作用　●デトックス効果
●消炎性／抗酸化　●細胞の賦活性　●腸内の活性　●ミネラル補給
●叡智の供給源・松果体の活性　●免疫の司令塔・胸腺の活性　●再生作用

◎安全・効果的・高品質！　珪素補給に最適な「レクステラ」シリーズ

珪素を安全かつ効率的に補給できるよう研究に研究を重ね、たゆまない品質向上への取り組みによって製品化された「レクステラ」シリーズは、ドクタードルフィン先生もお気に入りの、オススメのブランドです。

珪素は体に重要ではありますが、体内の主要成分ではなく、珪素だけを多量に摂って

「ドクターレックス プレミアム」、「レクステラ プレミアムセブン」、どちらも毎日お召し上がりいただくことをおすすめしますが、毎日の併用が難しいという場合は「ドクターレックス プレミアム」を基本としてお使いいただくことで、体の基礎を整えるための栄養素をバランスよく補うことができます。「レクステラ プレミアムセブン」は、どんよりとした日やここぞというときに、スポット的にお使いいただくのがおすすめです。

また、どちらか一方を選ぶ場合、栄養バランスを重視する方は「ドクターレックス プレミアム」、全体的な健康と基礎サポートを目指す方は「レクステラ プレミアムセブン」という使い方がおすすめです。

◎すこやかな皮膚を保つために最適な珪素クリーム

皮膚の形成に欠かせない必須ミネラルの一つである珪素は、すこやかな皮膚を保つために欠かせません。「レクステラ クリーム」は、全身に使える天然ミネラルクリームです。珪素はもちろん、数百キロの原料を精製・濃縮し、最終的にはわずか数キロしか取れない貴重な天然ミネラルを配合しています。合成着色料や香料などは使用せずに、原料から製造まで一貫して日本国内にこだわっています。濃縮されたクリームですので、そのまま塗布しても構いませんが、小豆大のクリームを手のひらに取り、精製水や化粧水と混ぜて乳液状にしてお使いいただくのもおすすめです。お肌のコンディションを選ばずに、老若男女どなたにも安心してお使いいただけます。

レクステラ クリーム
■ 50g　12,573円（税込）

●主な成分：水溶性珪素、岩石抽出物（高濃度ミネラル）、スクワラン、金、銀、ヒアルロン酸、プロポリス、アロエベラ、ミツロウ、αグルカン、アルニカ花エキス、カンゾウ根エキス、シロキクラゲ多糖体、アルギニン、ほか
●使用目安：2～3か月（フェイシャルケア）、約1か月（全身ケア）

◎植物性珪素と17種類の必須栄養素をバランスよく摂取

基準値量をクリアした、消費者庁が定める17種類の必須栄養素を含む、厳選された22の成分を配合したオールインワン・バランス栄養機能食品。体にはバランスのとれた食事が必要です。しかし、あらゆる栄養を同時に摂ろうとすれば、莫大な食費と手間がかかってしまうのも事実。医師監修のもと開発された「ドクターレックス プレミアム」なら、バランスのよい栄養補給ができ、健康の基礎をサポートします。

ドクターレックス プレミアム
■ 5粒×30包　8,640円（税込）

●原材料：フィッシュコラーゲンペプチド（国内製造）、デキストリン、もみ殻珪素パウダー、ザクロ果実エキス、ノコギリヤシエキス、植物性乳酸菌（殺菌）、ほか
●使用目安：1日あたり2包（栄養機能食品として）

◎珪素をはじめとする厳選した7成分で打ち勝つ力を強力サポート！

人体の臓器・器官を構成する「珪素」を手軽に補える錠剤タイプの「レクステラ プレミアムセブン」。高配合の植物性珪素を主体に、長年の本格研究によって数々の研究成果が発表された姫マツタケ、霊芝、フコイダン、β－グルカン、プロポリス、乳酸菌を贅沢に配合。相乗効果を期待した黄金比率が、あなたの健康を強力にサポートします。

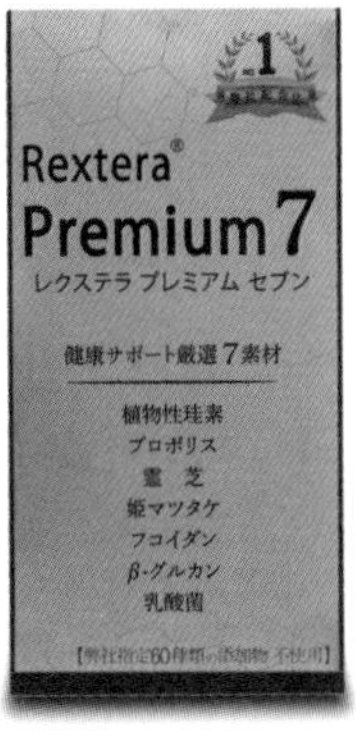

レクステラ プレミアムセブン
■ 180粒　21,600円（税込）

●原材料：もみ殻珪素パウダー（国産）、姫マツタケ（子実体細胞壁破壊粉末、菌糸体エキス）、霊芝細胞壁破壊末、デキストリン、モズク抽出エキス、ライススターチ、パン酵母抽出物、プロポリスエキス、乳酸菌 KT-11（殺菌）、ほか
●使用目安：1日6粒～

ヒカルランド　好評既刊！

地上の星☆ヒカルランド　銀河より届く愛と叡智の宅配便

高次元シリウスが伝えたい
水晶（珪素）化する地球人の秘密
著者：ドクタードルフィン 松久正
四六ソフト　本体 1,620円+税

ドクター・ドルフィンの
シリウス超医学
地球人の仕組みと進化
著者：∞ishi ドクタードルフィン 松久 正
四六ハード　本体 1,815円+税

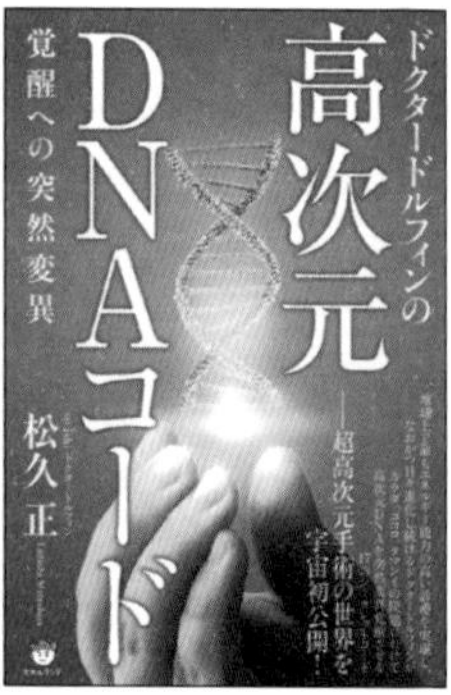

ドクタードルフィンの
高次元DNAコード
覚醒への突然変異
著者：∞ishi ドクタードルフィン 松久 正
四六ハード　本体 1,815円+税

令和のDNA
0＝∞医学
著者：∞ishi ドクタードルフィン 松久 正
四六ハード　本体 1,800円+税

菊理姫（ククリヒメ）神降臨なり
著者：ドクタードルフィン 松久正
四六ハード　本体 1,800円+税

宇宙からの覚醒爆弾
『炎上チルドレン』
著者：松久 正／池川 明／高橋 徳／胡桃のお／大久保真理／小笠原英晃
四六ソフト　本体 1,800円+税